SAMMELN | ERNTEN | KOCHEN

GILL MELLER

Fotografien von
Andrew Montgomery

Aus dem Englischen von
Anne Görblich-Baier

sammeln | nach etwas suchen | das Gefundene zu einer größeren Menge vereinigen | um das Gefundene zu verbrauchen | um das Gefundene zu verwerten

KNESEBECK

Für meine Mädchen

Titel der Originalausgabe: *Gather.*
Erschienen bei Quadrille Publishing, ein Imprint von Hardie Grant,
London 2016

Deutsche Erstausgabe

Ein Unternehmen der La Martinière Groupe

Umschlaggestaltung: Fabian Arnet, Knesebeck Verlag
Übersetzung: Anne Görblich-Baier
Lektorat und Satz: Antje Eszerski für bookwise GmbH

Printed in China

ISBN 978-3-95728-032-9

www.knesebeck-verlag.de

Hinweise zu den Rezepten

Verwenden Sie, soweit nicht anders angegeben:

- Meersalz
- erntefrische Kräuter
- mittelgroße Bio-Eier oder Eier von Hühnern aus Freilandhaltung
- Gemüsesorten mittlerer Größe
- Milchprodukte in Vollfettstufe
- unbehandelte Zitrusfrüchte
- gesalzene Butter
- Bio-Fleisch, wenn möglich von freilaufenden Tieren
- Fisch aus nachhaltiger Aufzucht

Die im Rezept angegebenen Ofentemperaturen
gelten für Umluftherde.

Inhalt

Vorwort

Das Wort *sammeln* gefiel mir schon immer. Es klingt lebensbejahend, naturnah und menschlich. Es ist ein Wort, das viele der einfachen Dinge benennt, die wir tagtäglich tun. Als Menschen sammeln wir ständig auf die eine oder andere Weise. Das ist ein Teil von uns.

Unsere frühen Vorfahren waren Jäger und Sammler. Sie lebten von dem, was das Land, das sie umgab, ihnen bot: Nüsse, Pilze und Beeren aus den vorzeitlichen Wäldern, Fisch, Meeresfrüchte und -pflanzen von der Küste, Pflanzen und Kräuter aus den Hecken und von den Flussufern – und Fleisch von Tieren aus Wald und Flur.

Jede Landschaft versorgte sie mit der Nahrung, die sie für ihre Familienverbände brauchten. Die frühe Kenntnis wild vorkommender Nahrungsmittel (Pflanzen und Tiere) führte schließlich zu deren Kultivierung und Domestizierung und zum Wachstum der bäuerlichen Gesellschaft. Dennoch glaube ich, dass wir alle immer noch den Urtrieb zum Sammeln in uns tragen, ebenso wie die tiefe Verbindung zur Landschaft, in der wir leben.

Wir alle müssen essen. Aber nur wenige von uns können zum Beerensammeln oder auf die Jagd gehen. Zwischen E-Mails-Checken und Kinder-zur-Schule-Fahren bleibt keine Zeit dazu. Abgesehen davon, sammeln wir trotzdem – wir sind ständig unterwegs, um Zutaten für Mahlzeiten zu besorgen: Brot, Obst vom Gemüsehändler, Käse, ein Glas Honig … Wir bringen sie nach Hause, bereiten sie zu und teilen sie miteinander.

Die heutige Art zu sammeln ist anders als in früheren Zeiten. Vielleicht haben wir deshalb auch das Bewusstsein dafür verloren, wo unsere Nahrung herkommt. Zudem führt unsere moderne Ernährungsweise dazu, dass wir immer seltener Mahlzeiten gemeinsam genießen.

Das vielschichtige Wort »sammeln« half mir, einen Weg zu finden, um das Beste aus allen Nahrungsmitteln herauszuholen, wenn ich für meine Familie und für Freunde koche. Ich habe dabei eine Richtung eingeschlagen, die für mich als Koch einen Sinn ergibt. Und ich weiß heute das große Glück umfassend zu schätzen, das das Teilen von Essen mit anderen Menschen bewirken kann.

Meine Tätigkeit als Sammler führt mich oft hinaus aus meiner Küche. Sie führt mich an den Supermärkten vorbei, weit weg vom Lärm der Städte. Ich gehe hinaus ins Licht und die Luft der umliegenden Landschaften, weil ich glaube, dass oft der beste Weg, erstklassige Zutaten zu bekommen, der Gang direkt zur Quelle ist.

Die Sprache der Landschaften, in denen das ganze Jahr hindurch Nahrungsmittel erzeugt werden, fasziniert mich – das, was am Ende dabei herauskommt. Aber ebenso fasziniert mich der Wechsel der Jahreszeiten, die Ästhetik von Licht und Wetter, die Gezeiten, und wie sich der Garten von morgens bis abends in seinem Erscheinungsbild verändert. Ich liebe die Klarheit des Frostes, den Dunst bei der Ernte im Hochsommer, die düstere Schönheit des Februars im Kontrast zur reichen Farbpalette des Herbstes. Und jedes Jahr wieder. Das ist meine Uhr, nach der koche ich. Für mich können Landschaften Erinnerungen wecken wie das Essen die Sinne: Ein Gerstenfeld erinnert mich an Malz und den Tabak meines Vaters. Der würzige Duft von Bärlauch in einem Frühlingswald geht Hand in Hand mit dem brennenden Stechen der Brennnesseln, und ich erinnere mich an meine Kochversuche als Kind am Lagerfeuer. Ob diese frühen Experimente mit Feuer und Nahrungsmitteln das Fundament für meine Liebe zur saisonalen Küche legten, weiß ich nicht. Aber sie weckten sicher meine Neugierde dafür, was Landschaften zu bestimmten Jahreszeiten hervorbringen.

Ich erinnere mich an einen Herbsttag, als ich neun oder zehn Jahre alt war. Mein Freund und ich hatten Wiesenpilze gesammelt und ein kleines Feuer in der Asthöhle im Stamm einer Buche gemacht. Darin brieten wir die Pilze, mit rauchigem Aroma und Brandblasen überzogen, und aßen sie. Völlig arglos, ob sie essbar waren! Wenn ich heute Pilze zubereite, erinnere ich mich daran. Ich bin dankbar, am Leben zu sein. Noch dankbarer aber für die Erinnerungen und meine starke Bindung an die Natur, die an jenem Tag geknüpft wurde.

Ein Großteil der Landschaften wird heute bewirtschaftet – viele intensiver, als gut für sie ist. Glücklicherweise gibt es noch Stellen, wo Naturprodukte relativ unverfälscht wachsen. Im Laufe meines Werdegangs als Koch lernte ich viele Nahrungsmittelproduzenten persönlich kennen und arbeite mit ihnen zusammen. Es gibt kaum einen einfacheren und ehrlicheren Weg, seinen Lebensunterhalt zu bestreiten, als mit ursprünglichen Rohstoffen nachhaltig zu wirtschaften. Diese Menschen haben ein tiefes Verständnis für ihre Umwelt und ein unmittelbares Verantwortungsgefühl für die respektvolle wie durchdachte Pflege und den Erhalt ihrer Landschaft. Sie wissen, dass wir uns alle dafür einsetzen müssen.

Diese Menschen sind genauso Teil des Abendessens, das ich mit Genuss koche und esse, wie sie Teil ihrer sich jahreszeitlich wandelnden Landschaft sind: Fischer, Schafzüchter, Gärtner … Sie sind Leib und Seele jeder kreativen Küche, Fleisch und Blut hinter all den erstklassigen Fleischstücken in der Metzgerei oder Farbe und Frische hinter den Salaten, Kräutern und dem Gemüse, das ich gerade für das Wochenende besorgt habe.

Mein Buch ist eine Sammlung unkomplizierter Rezepte, bei denen ich vor allem saisonale Produkte verwende. Ich hoffe, ich kann Ihnen mittels dieser Zutaten eine Vorstellung von den Zusammenhängen vermitteln – ein Gefühl für die Landschaften, aus denen die Nahrungsmittel stammen. Ich bin sicher, auch Sie verarbeiten viele davon in Ihrer Küche.

Mein Buch handelt auch von jenem Moment der freudigen Erwartung, wenn wir ein Gericht zum ersten Mal kosten, von diesem Sekundenbruchteil der Bewertung dessen, was Essen zum Genuss werden lässt. So soll es sein! Denn Spaß am Essen ist etwas Wunderbares – ein echtes Gefühl wie Liebe oder Angst: die Zartheit eines perfekt gegarten Fisches, wie er im Mund in Flocken zerfällt, die Knusprigkeit einer Bratkartoffel, abgerundet durch das Aroma von Rosmarin, oder der glatte, knackige Biss eines frischen Salatblatts mit einem Hauch zitroniger Säure als einzigem Kontrast. All die köstlichen Konsistenzen, Gerüche und Geschmacksrichtungen sind neben der sorgfältigen Arbeit des Kochs auch dem Weg zu verdanken, den die Zutat zurückgelegt hat, bevor sie auf dem Teller landete.

Diese Art des Denkens ist für die Erfahrungen auf dem Gebiet des Kochens sehr bereichernd. In vieler Hinsicht ist der Akt des Kochens ja nur der Höhepunkt, sozusagen ein »letzter Tanz« der Zutaten. Nehmen wir zum Beispiel ein Schinkensandwich. Drehen Sie die Uhr vier Jahreszeiten zurück, an den Anfang der Reise, und was Sie eben gegessen haben, sah da ganz anders aus, nämlich wie ein frisch gesätes Weizenfeld und ein frisch geworfenes Ferkel.

Gehen Sie ab und an zu den Anfängen zurück, wenn Sie die Möglichkeit dazu haben. Besuchen Sie einen Bauernhof, oder versuchen Sie, sich im Hafen mit Fischern zu unterhalten. Gehen Sie im Juni oder Juli zu einem »Selbsterntefeld«. Dort finden Sie fast immer die frischesten und leckersten Kochzutaten und lernen vielleicht sogar die Produzenten selbst kennen. Und zugleich sehen Sie, wo Ihr Essen herkommt. Ich empfehle Ihnen, einen Teil Ihrer Nahrungsmittel kostenlos direkt von Hecken, im Wald oder an der Meeresküste zu sammeln. Ein Spaziergang mit einem Korb in der Hand kann sich als ein gewinnbringendes Abenteuer herausstellen und die Zutaten für ein Abendessen liefern.

Die Wertschätzung für gute, frische und saisonale Zutaten und ihren Ursprung haben meine Art zu kochen geprägt. Sie lehrte mich, mich mehr und mehr auf die natürlichen Qualitäten zu verlassen, und half mir, einen Kochstil zu entwickeln, der schnörkellos und ehrlich sein will. Er verlangt keine komplizierten Prozesse oder kniffligen Techniken. Meist enthalten meine in diesem Sinn zusammengestellten Rezepte nur drei oder vier Hauptzutaten, die einander harmonisch ergänzen. Meine Ideen sind aus der Liebe zu einfachen, wenn auch nicht immer klassischen Kombinationen entstanden. Jede einzelne Zutat hat dabei in einem Gericht ihre Funktion und sorgt oft für Finesse und den besonderen Geschmack.

Während der letzten zwei Jahrzehnte habe ich erkannt, dass Kochen im Einklang mit den Jahreszeiten der Weg ist, Zutaten zu ihrer besten Zeit zu genießen – und die kreativste Form ist, Zutaten zu verabeiten. Die Jahreszeiten geben mir eine natürliche Ordnung vor. Ich habe gelernt, das Optimale aus dem herauszuholen, was im Moment da ist, und mich voller Sehnsucht auf das zu freuen, was kommt. In diesem Sinn ist *Sammeln / Ernten / Kochen* eine Philosophie für achtsameres Kochen und Genießen.

Bauernhof

Bauernhof | Trampelpfade und lang gezogene Furchen auf den Feldern. Steinwälle, vom Regen verwittert, Schutzhütten mit Wellblechdächern, Drainagegräben. Fellbüschel von Schafen an dichten Hecken; mit Gummistiefeln durchs hohe Gras stapfen. Kalter, feuchter Beton, rostfreie Melkstände und Borstenpinsel. Tröge, Säcke, Autoreifen, Teeröl und verrostete Hoftore, löchrige Eimer, Schweineboxen. Frühling, Tagesanbruch, Elstern, Frühstück, Bienenstöcke und warme Milch.

Käse

Milch

Schwein

Hammel

Honig

Blauschimmelkäse mit Honig, Thymian, Datteln, karamellisierten Zwiebeln und Kürbiskernen

Ich erinnere mich, wie ich zufällig ein Gespräch zwischen meiner ältesten und jüngsten Tochter mitbekam. Für mich war es ein amüsanter wie lehrreicher Dialog übers Essen. Die beiden saßen nach der Schule in der Küche und aßen:

»Du weißt, das ist Schimmel, oder?« »Nein, ist es nicht!« »Doch! Du weißt das nicht? Ich fass es nicht!« »Das ist nur Blauschimmelkäse.« »Nein, es ist Schimmel!« »Echt?« »Ja…!« »Oh…«

Witzigerweise liebte meine Jüngste Blauschimmelkäse bis dahin. Danach schien sie nicht mehr interessiert daran zu sein. Ich bin aber überzeugt, dass dieser fruchtige Salat mit süßen Datteln und knackigen Kürbiskernen sie umstimmen könnte.

FÜR 2 PERSONEN

- 2 EL Olivenöl extra vergine
- 1 Zwiebel, in dünne Ringe geschnitten
- 2 Zweige Thymian, die Blätter abgezupft
- 1 EL Kürbiskerne
- 150 g Blauschimmelkäse (z. B. Harbourne Blue oder Perl Las)
- 6–8 Datteln der Sorte Medjool, grob gehackt
- 4 TL flüssiger Honig
- 2 TL Cidre-Essig
- Salz und frisch gemahlener schwarzer Pfeffer

Die Hälfte des Öls in einer mittelgroßen Pfanne bei nicht allzu starker Hitze erwärmen. Die Zwiebelringe zugeben und unter ständigem Rühren dünsten, bis sie weich und karamellisiert sind. Die Hälfte der Thymianblättchen und die Kürbiskerne hinzufügen und mit den Zwiebeln vermengen. Etwa 1 Minute weiterdünsten, dann den Herd ausschalten.

Den Käse auf zwei Teller gleichmäßig verteilt zerkrümeln und mit Dattelstückchen belegen. Die warme Zwiebelmasse darübergeben. Mit dem Honig beträufeln und anschließend alles gut vermengen.

Das restliche Öl mit dem Essig in einer kleinen Schüssel zu einem Dressing verrühren. Mit Salz und Pfeffer würzen und über die beiden Portionen träufeln. Den Salat mit dem restlichen Thymian bestreuen und sofort servieren.

Quark mit Radieschen, Frühlingszwiebeln und Kräutern

Eine knusprig getoastete Scheibe Sauerteigbrot oder ein mit Kernen übersäter Kräcker, dick mit frischem Quark bestrichen, mit ein paar Meersalzflocken bestreut und mit gutem Olivenöl beträufelt: Können Sie da widerstehen? Dieses Rezept, herrlich frisch und einfach, basiert auf der gleichen Idee: Weicher und gehaltvoller Quark wird mit knackigen Radieschen der Saison kombiniert. Frische Kräuter und Zitrone runden das Ganze mit ihrem appetitlichen Duft ab.

FÜR 2 PERSONEN

12 Radieschen, etwas Grün oben stehen lassen

4 Frühlingszwiebeln

2–3 Zweige Minze, die Blätter abgezupft

1 kleines Bund Dill

2 EL Olivenöl extra vergine

Saft und fein abgeriebene Schale von 1 unbehandelten Zitrone

100 g frischer Schafs- oder Ziegenquark

Salz und frisch gemahlener schwarzer Pfeffer

Die Radieschen gründlich waschen und, falls erforderlich, welke Blätter von dem Grün entfernen. Die Hälfte der Radieschen quer in dünne Scheiben schneiden. Die Scheiben in eine Schüssel geben und das Grün beiseitelegen.

Die Frühlingszwiebelwurzeln abschneiden. Die Zwiebeln in dünne Ringe und den Großteil der grünen Stiele in schräge Stücke schneiden. Die Zwiebelringe und -stücke zu den Radieschen geben.

Je die Hälfte der Minze und des Dills hacken und mit 1 Esslöffel Öl, der Hälfte des Zitronensafts und etwas Zitronenschale unter den Radieschen-Frühlingszwiebel-Mix rühren. Salzen, pfeffern. Nochmals kurz vermengen. Die restlichen Radieschen von der Wurzel bis zum Blattstielansatz halbieren. Dabei sollten die grünen Blätter an jeder Hälfte verbleiben.

Je 1 Esslöffel Quark auf einen Teller setzen. Die Hälfte der Radieschenhälften und das Radieschengrün auf dem Teller rundum anrichten, darüber die Hälfte des Radieschen-Frühlingszwiebel-Mix verteilen. Arbeitsschritte beim zweiten Teller wiederholen. Restlichen Dill und Minzeblätter darüberstreuen. Mit dem restlichen Öl und Zitronensaft beträufeln. Nochmals salzen und pfeffern. Servieren.

Ziegenkäse auf Malzbrot mit Rhabarber und Liebstöckel

Wenn ich Ziegenkäse esse, fühle ich mich in meine Sommerferien versetzt, die wir früher in Südfrankreich verbrachten. Unauslöschlich eingeprägt hat sich mir das Bild eines Tisches, der über und über mit dekorativ angeordneten, handgemachten Ziegenkäsen bedeckt war. Die Käsestücke waren mit Blüten und Kräutern, Asche, Gewürzen, Blättern und Samen dekoriert. Die Farben, die Kontraste und das liebevolle Arrangement haben mich beeindruckt. Hier verwende ich Ziegenkäse mit Rinde, den man überall bekommt. Möglicherweise müssen Sie nach dem unverwechselbaren Liebstöckel etwas länger suchen. Das Kraut schmeckt würzig mit Rhabarber und passt großartig zum Ziegenkäse.

FÜR 4 PERSONEN

- 2–3 Stangen Rhabarber
- 50 g brauner Zucker
- 4–5 Blätter Liebstöckel, fein gehackt, plus ein paar ganze Blätter zum Bestreuen
- 4 TL flüssiger Honig
- 4 Scheiben Malzbrot
- 1 EL Olivenöl extra vergine
- 200 g frischer, weicher Ziegenkäse, in Scheiben geschnitten
- Salz und frisch gemahlener schwarzer Pfeffer

Die holzigen Enden der Rhabarberstangen wegschneiden. Die Stangen vorsichtig waschen und in je 3 Zentimeter lange Stücke schneiden. Diese möglichst in einer Lage in einen großen, schweren Topf schichten.

Zucker und gehackte Liebstöckelblätter über den Rhabarber streuen. Mit 2 Teelöffel Honig und 2 Esslöffel Wasser beträufeln. Den Topf schwenken und bei schwacher bis mittelstarker Hitze auf den Herd stellen. Alles aufköcheln lassen und etwa 4 Minuten garen, bis der Rhabarber weich zu werden beginnt und der Sirup leicht eindickt. Den Topf vom Herd nehmen und beiseitestellen.

Die Brotscheiben auf beiden Seiten toasten. In eine Grillpfanne legen und mit Olivenöl und dem restlichen Honig beträufeln. Jede Scheibe mit der gleichen Anzahl Ziegenkäsescheiben belegen und 4 bis 6 Minuten im Backofen bei 180 °C übergrillen, bis sich der Käse leicht braun färbt und Blasen wirft.

Pfanne herausnehmen und die Grillbrote vorsichtig aus der Pfanne nehmen und je eine Scheibe auf einen Teller legen. Den warmen Rhabarber-Mix gleichmäßig auf die Brotscheiben verteilen. Zum Schluss mit Salz und Pfeffer würzen, mit Liebstöckelblättern bestreuen und sofort servieren.

Joghurt-Kardamom-Sorbet und Butterkekse mit Mohn

Ich mag es, wie der luftige Hauch von Kardamom und Orange das kalte Eis dieses zarten Joghurt-Sorbets durchweht: Beide Aromen sind da – verhalten –, tanzen außen am Rand mit einer Anmut, die langsam wärmend das Weiß durchdringt. Dazu bieten die braunen, gehaltvollen Kekse mit den Mohnkörnern einen knusprigen Kontrast zum weichen Sorbet.

FÜR 8 BIS 10 PERSONEN

FÜR DAS SORBET

100 g brauner Zucker

4 TL flüssiger Honig

6 Kardamomkapseln, zerdrückt

Zesten von 1/4 unbehandelten Orange

600 g Naturjoghurt

FÜR DIE KEKSE

150 g Butter

75 brauner Zucker, plus etwas mehr zum Bestreuen

150 g Mehl

75 g Speisestärke

1 Prise Salz

1 EL Mohnsamen

AUSSERDEM

eine Eismaschine

Für das Sorbet Zucker und Honig mit Kardamom, den Orangenzesten und 4 Esslöffel Wasser in einen kleinen Topf geben. Die Flüssigkeit bei schwacher Hitze aufkochen und etwa 4 Minuten sanft weiterköcheln lassen, bis der Sirup beginnt leicht einzudicken. Vom Herd nehmen und beiseitestellen.

Den Joghurt in eine Schüssel geben. Den Sirup durch ein Sieb darüber passieren und alles gut vermengen. In die Eismaschine füllen und diese laufen lassen, bis die Masse fest wird. Das Sorbet in einen Kunststoffbehälter umfüllen, Behälter verschließen und 3 bis 4 Stunden oder über Nacht ins Gefrierfach stellen.

Für die Kekse den Backofen auf 170 °C vorheizen.

Die Butter in einer Pfanne bei schwacher bis mittlerer Hitze zerlassen und 5 bis 6 Minuten erhitzen, bis sie nussig duftet und die festen Bestandteile auf dem Pfannenboden bräunen. Dabei die Pfanne gelegentlich schwenken, damit die Butter nicht spritzt. Den Schaum oben abschöpfen. Zucker in eine Schüssel geben und mit der Butter übergießen (dabei sollten die Feststoffe auf dem Pfannenboden verbleiben). Alles gut vermengen. Mehl, Stärke und Salz in einer weiteren Schüssel mischen und zur Butter-Zucker-Mischung geben. Mit einem Spatel zu einem weichen Teig verrühren. Auf dem Backblech verteilen und mit einem Spatel glätten. Im Ofen 15 bis 20 Minuten backen, bis der Teig goldbraun ist. Herausnehmen. Mit Zucker und Mohn bestreuen und mit einem Messer in rechteckige Stücke schneiden. Abkühlen lassen.

Das Sorbet 15 Minuten vor Verzehr aus dem Gefrierfach nehmen und servieren. Pro Person je 1 Esslöffel Sorbet und einen Keks auf einem Teller anrichten und servieren.

Crème au caramel mit Vanille und Anis

Eine gute Crème au caramel ist etwas Besonderes. Es ist diese Konsistenz, die man beinahe schneiden kann, die ich so liebe. Meine Mutter bereitet Crème au caramel traditionell zum Geburtstag meines Vaters zu, denn sie ist sein Lieblingsdessert. Letztes Jahr war sie ihr so weich wie nie zuvor gelungen. Wir führen es auf das defekte Handrührgerät zurück. Die Eier mussten per Hand mit einer Gabel unter die heiße Milch und Crème double gerührt werden.

FÜR 6 PERSONEN

200 g brauner Zucker

250 ml Vollmilch

250 ml Crème double, plus mehr Crème zum Servieren

1 Vanilleschote

2 Stück Sternanis

2 große Eier, plus 3 Eigelb

Pflaumenkompott zum Servieren

AUSSERDEM

eine Auflaufform (ø ca. 25 cm) oder 6 Timbaleförmchen
eine Bratreine

Für den Karamell 150 g Zucker in einer großen, schweren Pfanne bei schwacher Hitze langsam schmelzen, dabei gelegentlich schwenken und rütteln (rühren vermeiden, damit der Zucker nicht kristallisiert). Sobald der Zucker gleichmäßig geschmolzen und goldbraun ist, die Pfanne vom Herd nehmen. Den Karamell in die Form oder die Timbaleförmchen füllen und fest werden lassen.

Den Ofen auf 150 °C vorheizen.

Für die Creme die Milch mit der Crème double in einen großen Topf füllen. Das Mark aus der Vanilleschote kratzen und zusammen mit der Schote und den Sternanis in den Topf geben und erhitzen. Sobald das Ganze zu köcheln beginnt, den Topf vom Herd nehmen und die cremige Masse etwa 10 Minuten ziehen lassen.

Die Eier in eine große Schüssel schlagen, Eigelbe und restlichen Zucker hinzufügen. Die warme Milchmasse nach und nach angießen, dabei mit einer Gabel kräftig schlagen. Creme durch ein feines Sieb erst in einen Krug passieren, dann über den Karamell in der Form oder den Timbalförmchen gießen.

Die Form oder die Förmchen in eine Bratreine stellen. Heißes Wasser bis auf halbe Höhe der Gefäße einfüllen und die Bratreine in den Ofen geben. In der großen Form 45 Minuten, in den Förmchen etwa 20 Minuten backen oder bis die Masse stockt. Aus dem Ofen nehmen, in den Behältnissen abkühlen lassen und in den Kühlschrank stellen. Etwa 30 Minuten vor dem Servieren herausnehmen. Mit einem Messer den Gefäßrand entlangfahren, um die Creme zu lösen. Einen großen Teller auf die Form (oder einzelne Teller über jedes Timbaleförmchen) legen und die Creme vorsichtig stürzen. Mit Crème double und Kompott servieren.

Selbst gemachter Käse mit Frühlingskräutern, Zitrone und Olivenöl

Eine Magie wohnt diesem einfachen, hausgemachten Käse inne. Gerade war er noch eine weiße, wässrige Flüssigkeit, im nächsten Moment schon eine starre Masse. Man kann den genauen Moment des Zaubers nicht festmachen: Die Milch gerinnt, aber man sieht es trotz genauen Hinsehens nicht. Heben Sie den zarten Quark aus der Molke und lassen Sie ihn gut abtropfen (in einem großen Musselin- oder Seihtuch). Die Molke aufbewahren! Sie eignet sich zur Herstellung von Brot, Suppen und Smoothies. Ich habe sogar schon Sorbet damit gemacht.

ERGIBT 500 GRAMM

1,2 l frische Vollmilch

1 TL vegetarisches Lab (Labaustauschstoff bzw. »pflanzliches Labenzym« oder »mikrobakterielles Labenzym«)

2 EL Naturjoghurt aus unhomogenisierter Milch

1 Bund gemischte Kräuter (z. B. Dill, Fenchelgrün, Petersilie, Schnittlauch oder Salbei), grob gehackt

fein abgeriebene Schale von 1 unbehandelten Zitrone

1 TL Chiliflocken (nach Belieben)

Olivenöl extra vergine (das beste Öl, das Sie bekommen!) zum Beträufeln

Salz und frisch gemahlener schwarzer Pfeffer

Die Milch in einem großen Topf bei schwacher Hitze lauwarm erhitzen. Den Herd ausschalten. Das Lab und den Joghurt in die Milch geben, gut unterrühren. Etwa 30 Minuten ruhen lassen, bis sich Quark gebildet hat.

Den Quark mit einem scharfen Messer kreuzweise in Stücke schneiden. Weitere 25 bis 30 Minuten ruhen lassen. Danach die Quarkstücke mit einem Schaumlöffel vorsichtig aus der Molke heben und in ein mit einem Seihtuch ausgelegtes Sieb über einer Schüssel geben. Den Käsebruch 8 bis 12 Stunden oder über Nacht im Kühlschrank abtropfen lassen.

Den Käse vor dem Servieren auf einen großen Teller oder in eine Schüssel geben. Kräftig salzen und pfeffern. Die gehackten Kräuter mit dem Abrieb der Zitronenschale und den Chiliflocken (falls verwendet) darüberstreuen. Abschließend großzügig mit Öl beträufeln und servieren. Dazu ein herzhaftes Brot in dicke Scheiben geschnitten oder vielleicht etwas gebratenes Gemüse oder gegrilltes Lammfleisch reichen.

Knuspriger Schweinebauch mit Kräutern, Sprossen von dicken Bohnen und Frühkartoffeln

Knackig gebratenen Schweinebauch würde ich mir als letzte Mahlzeit wünschen! Das hat mit den verschiedenen Konsistenzen zu tun: die gesalzene krosse Schwarte, der zarte Schmelz des Fleisches und das cremige, fast buttrige, weiße Fett. Dieses Rezept weicht etwas vom klassischen Schweinebauch ab. Frühkartoffeln und Sprossen mit Kräutern und Zitrone bilden den Ausgleich zum gehaltvollen Fleisch. Verwenden Sie nur bestes Fleisch von Tieren aus Freilandhaltung oder Bio-Fleisch, wenn möglich von seltenen oder alten Schweinerassen.

FÜR 4 PERSONEN

3–4 TL Fenchelsamen

1,5 kg Schweinebauch mit Knochen, die Schwarte gut trocken getupft

300 g Bio-Frühkartoffeln

3–4 Zweige Minze, die Blätter abgezupft und fein gehackt, die Stängel zurückbehalten

1 kleines Stück Butter (ca. 25 g)

2 EL Olivenöl extra vergine

1 kleines Bund Petersilie, die Blätter abgezupft und fein gehackt

1 kleines Bund Schnittlauch, fein gehackt

2 Handvoll Sprossen von dicken Bohnen oder Erbsen

Saft von ½ Zitrone

1 Handvoll essbare Blüten (z. B. von Taubnessel, Brunnenkresse, Knoblauchsrauke, Borretsch oder Gundermann)

Salz und frisch gemahlener schwarzer Pfeffer

Den Backofen auf 220 °C vorheizen.

Den Fenchelsamen in einer kleinen Pfanne ohne Fett bei mittlerer Hitze rösten, bis er duftet. Pfanne vom Herd nehmen und die Samen mit einem Stößel in der Pfanne zerstoßen. Die Schwarte und das Fett mit einem scharfen Messer einschneiden (nicht das Fleisch!). Den Schweinebauch in einen Bräter legen und mit Salz und Fenchel einreiben. Etwa 30 Minuten im Ofen braten, dann die Hitze auf 160 °C reduzieren. Etwa 130 Milliliter Wasser angießen und das Fleisch 2 Stunden weiterbraten, bis es goldbraun und zart ist. Wasser nachfüllen, wenn der Boden des Bräters trocken wirkt.

Während der Schweinebauch brät, die Kartoffeln halbieren, falls sie groß sind, und mit den zurückbehaltenen Minzestielen in einen Topf geben. Mit Salzwasser bedeckt 8 bis 15 Minuten kochen, bis sie gar sind (je nach Sorte und Frische der Kartoffeln variiert die Kochzeit). Abtropfen lassen und in den Topf zurückgeben. Die Minzestiele entsorgen. Butter und 1 Esslöffel Öl zugeben, salzen und pfeffern und die Kartoffeln darin schwenken. Beiseitestellen.

Den Braten aus dem Ofen nehmen und 20 Minuten ruhen lassen. Die Kräuter über die Kartoffeln streuen und alles gut vermischen. Kartoffeln auf einem vorgewärmten Servierteller mit dem Braten anrichten. Das Fett im Bräter abschöpfen und den Bratensaft über das Fleisch und die Kartoffeln geben. Sprossen in einer Schüssel mit dem restlichen Öl und Zitronensaft beträufeln. Salzen, pfeffern und gut vermengen. Die Blüten über dem Braten verteilen und sofort servieren.

Speck mit Tintenfisch, Zitrone, Tomate und Lorbeer

Diese Art Gericht koche und esse ich gern. Es ist gehaltvoll, hebt die Stimmung und schmeckt unglaublich gut – ein Essen, bei dem die Zeit stillsteht. Mir gefällt, wie die beiden robusten Zutaten, Tintenfisch und Speck, ihr Aroma im Ofen entfalten und sich gegenseitig bereichern. Tintenfisch entwickelt einen einzigartigen Geschmack, wenn er langsam gegart wird. Falls Sie ihn noch nie gegessen haben, sollten Sie dieses Rezept unbedingt ausprobieren.

FÜR 4 PERSONEN

1–2 EL Olivenöl extra vergine

1 Stück Speck mit Schwarte (400 g) oder Pancetta, in 4 gleich große Stücke geschnitten

1 kg Tintenfisch (Oktopus), küchenfertig; Tinte, falls vorhanden, zurückbehalten

1 große Zwiebel, in dünne Ringe geschnitten

2 Knoblauchzehen, geschält und in dünne Scheiben geschnitten

1 TL Fenchelsamen

fein abgeriebene Schale von ½ unbehandelten Zitrone

2 Lorbeerblätter

125 ml Weißwein

200 g Dosentomaten (Tomaten aus der Dose schmecken oft aromatischer als frische)

400 ml Schweine- oder Geflügelfond

Salz und frisch gemahlener schwarzer Pfeffer

Den Backofen auf 160 °C vorheizen.

Die Hälfte des Öls in einer Pfanne erhitzen. Speckstücke zugeben und 8 bis 10 Minuten rundum braten, bis sie goldgelb sind und zu karamellisieren beginnen. Vom Herd nehmen und beiseitestellen.

Den Tintenfischkörper in etwa 3 Zentimeter breite Streifen, die Tentakel in kleine Stücke schneiden. Die Pfanne mit dem angebratenen Speck stark erhitzen. Tintenfischstücke zugeben und zusammen mit dem Speck unter gelegentlichem Wenden etwa 6 Minuten braten, bis sie leicht Farbe angenommen haben.

Währenddessen das restliche Öl in einer großen, schweren Kasserolle mittelstark erhitzen. Zwiebel und Knoblauch zugeben und etwa 5 Minuten dünsten, bis die Zwiebelringe weich zu werden beginnen. Fenchelsamen, abgeriebene Zitronenschale und Lorbeerblätter hinzufügen und 2 Minuten mitdünsten. Den Wein angießen, leicht aufkochen lassen und die Flüssigkeit 1 bis 2 Minuten reduzieren. Tomaten und Fond angießen und sanft weiterköcheln lassen. Speck und Tintenfischstücke aus der Pfanne nehmen und unterheben.

Die Kasserolle mit geschlossenem Deckel 2 bis 3 Stunden in den Ofen stellen, bis der Speck und der Tintenfisch weich sind. Anschließend aus dem Ofen nehmen, den Deckel abnehmen und alles gut miteinander vermengen. Mit Salz und Pfeffer abschmecken. Nun die Tinte des Tintenfischs, falls vorhanden, unterrühren. Sie gibt der Sauce eine appetitliche, dunkle Farbe und bereichert das Gericht. Sofort mit dicken Brotscheiben und einem knackigen Salat servieren.

Blutpudding mit Salbei, Zwiebeln und Enteneiern

Den Blutpudding müssen Sie nicht selbst zubereiten. Heute können Sie problemlos eine gute Bio-Blutwurst kaufen, voll und intensiv im Geschmack. Sollten Sie jedoch Lust haben, diese nahrhafte Hausmannskost selbst herzustellen, kann ich berichten: Es macht Spaß – und ist nicht unappetitlich. Das Rezept reicht für zwei Laibe – mehr, als man für ein Frühstück braucht.

FÜR 2 PERSONEN

1 kleines Stück Butter (ca. 25 g)

1 EL Olivenöl extra vergine

1 große Zwiebel, in sehr dünne Ringe geschnitten

250 g Blutpudding (siehe unten)

12 Salbeiblätter, zerpflückt

2 frische Enteneier

2–3 Zweige Thymian, die Blätter abgezupft

Salz und schwarzer Pfeffer

FÜR DEN BLUTPUDDING (ERGIBT 2 TERRINEN)

500 g Lardo (Rückenspeck)

4 Zwiebeln, fein gewürfelt

2 TL frisch gemahlener schwarzer Pfeffer

2 TL gemahlener Koriander

½ TL gemahlene Muskatblüte

½ TL geräuchertes Paprikapulver *(Pimentón de la Vera)*

20 g brauner Zucker

4 TL Salz

100 ml Crème double

100 ml Weinbrand

1 l frisches Schweineblut (direkt vom Metzger)

250 g feine Haferflocken

200 g Paniermehl

250 g gekochte Perlgraupen

AUSSERDEM

zwei Kastenformen (à 450 g Inhalt)

ein Küchenthermometer

Für den Blutpudding den Backofen auf 120 °C vorheizen.

Eine große, schwere Pfanne schwach erhitzen. Den Speck würfeln. Ein Viertel davon in die Pfanne geben und rühren, bis das Fett schmilzt. Die Zwiebelwürfel zugeben und 10 Minuten darin dünsten, bis sie weich, aber nicht gebräunt sind. Vom Herd nehmen. Den restlichen Speck mit den gemahlenen Gewürzen, Paprika, Zucker und Salz unterrühren. Crème double und Weinbrand zufügen. Ist die Mischung etwas abgekühlt, das Blut langsam unter ständigem Rühren angießen. Haferflocken, Paniermehl und Graupen unterheben und 30 Minuten quellen lassen.

Die Formen mit Alufolie auslegen, Ränder überstehen lassen. Pudding durchrühren und gleichmäßig auf die Formen verteilen. Überstände darüberfalten. Mit zusätzlicher Alufolie abdecken und an den Rändern fest andrücken. Formen in einen Bräter stellen, heißes Wasser bis auf halbe Höhe der Formen angießen. Blutpudding im Ofen 90 Minuten backen, bis die Innentemperatur des Puddings 72 °C beträgt (mit dem Thermometer testen). Abkühlen lassen, stürzen und im Kühlschrank ruhen lassen.

Für das Gericht Butter und Öl in einer großen Pfanne mittelstark erhitzen. Die Zwiebelringe zugeben, mit Salz und Pfeffer würzen und unter Rühren braten, bis sie an den Rändern knusprig werden. Herausnehmen, auf einem Teller warm halten. Vom Blutpudding 250 g abwiegen, in 2 Zentimeter dicke Scheiben schneiden und in die Pfanne geben. Salbei zufügen und die Scheiben von jeder Seite 4 Minuten knusprig braten. Zwiebelringe in die Pfanne zurückgeben und erwärmen. Den Blutpudding an den Pfannenrand schieben und die Eier hineinschlagen. Mit Salz und Pfeffer würzen und mit Thymian bestreuen. Eier nach Wunsch durchbraten. Blutpudding auf Tellern mit den Zwiebeln, Salbei und Eiern servieren.

Kurz gebratene Hammellende mit Blumenkohl, eingelegter Zitrone und geräuchertem Paprika

Ich erinnere mich noch an den Rat, einen alten, geschlachteten Hammel »langsam am Stück zu braten«. Ich war jung und unerfahren, und da hing seit vier Wochen dieser Hammel – das Fleisch trocken und dunkel, mit einer festen weißen Fettschicht. Ich hoffte, die Lende würde schon irgendwie zart werden, um sie rosa zu servieren. Also ignorierte ich den Rat. Ohne Vorstellung, was herauskommen würde, briet ich die Lende heiß und schnell, mit grobem Salz, Olivenöl und jugendlichem Elan. Das Fleisch war sensationell – zarter kann man es sich nicht wünschen!

FÜR 4 PERSONEN

1 kleiner, fester Kopf Blumenkohl

6 EL Olivenöl extra vergine, plus etwas mehr Öl zum Beträufeln

Saft von ½ Zitrone

2 TL Kreuzkümmelsamen, in der Pfanne trocken geröstet

2–3 Zweige Minze, die Blätter abgezupft und zerpflückt

1 EL Kürbiskerne

2–3 TL Sonnenblumenkerne

2 kleine weiße Zwiebeln, in dünne Ringe geschnitten

250 g Hammellende, pariert

1 Knoblauchzehe, zerdrückt

Schale einer kleinen, in Salz eingelegten Zitrone, in feine Streifen geschnitten

1 EL flüssiger Honig

1½ TL geräuchertes Paprikapulver *(Pimentón de la Vera)*

6–8 Zweige Fenchelgrün, zerpflückt

Salz und frisch gemahlener schwarzer Pfeffer

Die äußeren Hüllblätter des Kohls ablösen und den Strunk bis zum Ansatz des Blütenstands mit einem großen Küchenmesser kappen. Den Kopf in große Röschen teilen und diese in sehr dünne Scheiben hobeln. In eine große Schüssel geben. Mit 2 Esslöffel Öl und dem Zitronensaft beträufeln. Kreuzkümmel und Minze darüberstreuen, kräftig salzen und pfeffern. Alles vorsichtig mit den Händen vermengen und beiseitestellen.

Anschließend 2 Esslöffel Öl in eine große Pfanne geben und auf dem Herd erhitzen. Kürbis- und Sonnenblumenkerne mit etwas Salz hinzufügen und 3 bis 4 Minuten darin rösten. Aus der Pfanne nehmen und beiseitestellen. Das restliche Öl in der Pfanne erhitzen und die Zwiebelringe hinzufügen. Mit Salz und Pfeffer würzen und unter regelmäßigem Rühren 10 bis 12 Minuten dünsten, bis sie weich sind und an den Rändern knusprig zu werden beginnen. Zwiebeln herausnehmen und auf einem Teller warm halten. Die Pfanne stark erhitzen und die Hammellende mit dem Knoblauch hineingeben. Kräftig mit Salz und Pfeffer würzen und unter häufigem Wenden 5 bis 7 Minuten braten, bis das Fleisch rundum Farbe angenommen hat. Vom Herd nehmen und 10 Minuten ruhen lassen.

Die Blumenkohlscheiben auf große Teller verteilen oder auf einer Servierplatte anrichten. Die Lende in etwa 2 Zentimeter dicke Scheiben schneiden und auf den Blumenkohl legen. Zwiebelringe, Kerne und Zitronenschalenstreifen darüberstreuen. Mit Honig beträufeln und mit Paprikapulver bestäuben. Mit Fenchelgrün, einem Schuss Öl sowie etwas Pfeffer garnieren und servieren.

GELINGT AUCH MIT | Lamm

Tatar vom Hammel mit gebratenen Austern und frittierten Bärlauchblüten

Ich habe dieses Gericht zum ersten Mal auf der schönen Insel Sark vor der zerklüfteten Küste Nordfrankreichs zubereitet. Der von mir verwendete Hammel hatte auf der grünen Weide direkt vor meinem Küchenfenster gegrast. Die Austern waren frisch und schmeckten einfach köstlich. Hammelfleisch brät oder schmort man, und Austern werden traditionell roh serviert. In diesem Rezept umgehe ich diese Konventionen ein wenig.

FÜR 2 PERSONEN

Sonnenblumenöl zum Frittieren

2–3 Stiele Bärlauch mit Blüten

1 EL Mehl

1 EL Speisestärke

1 Stück Butter (ca. 50 g)

1–2 EL Olivenöl extra vergine

2 Zweige Thymian

12 große frische Austern, aus der Schale gelöst (Seite 54), das Austernwasser zurückbehalten

150 g Hammellende, pariert

Saft von ½ Zitrone

Salz und frisch gemahlener schwarzer Pfeffer

AUSSERDEM

ein Küchenthermometer

Zum Frittieren der Bärlauchstiele einen mittelgroßen Topf bei mittlerer bis starker Hitze auf den Herd stellen und 3 bis 4 Zentimeter hoch Öl angießen. Zum Frittieren auf 165 °C erhitzen. (Wer kein Küchenthermometer zum Messen hat, gibt einen Brotwürfel hinein: Zischt das Öl, ist das Fett heiß genug.)

Die Bärlauchstiele waschen und trocken schütteln. Für den Ausbackteig das Mehl und die Speisestärke in einer Schüssel mit Salz und Pfeffer vermischen, 3 Esslöffel Wasser zugeben und gut verrühren. Die Bärlauchstiele mit Blüten in den Teig tauchen und dann in das heiße Öl geben. Nach etwa 45 Sekunden, wenn sie leicht gefärbt und knackig sind, mit einer Zange herausnehmen und auf Küchenpapier abtropfen lassen. Den Herd ausschalten.

Die Butter und 1 Esslöffel Olivenöl in eine beschichtete Pfanne geben und auf dem Herd bei niedriger bis mittlerer Hitze heiß werden lassen. Thymian und Austern samt dem Austernwasser hinzufügen. Austern pro Seite 5 bis 6 Minuten knusprig braten. Den Herd ausschalten. Da das Austernwasser stark aromatisiert wird, den Bratensatz mit einem Kochlöffel vom Pfannenboden lösen. In der Pfanne lassen, um die Austern warm zu halten.

Die Hammellende in dünne Scheiben schneiden und fein hacken. Gehacktes in eine Schüssel geben und mit Salz und Pfeffer würzen. Danach mit dem restlichen Olivenöl und mit dem Zitronensaft beträufeln. Abschmecken, bei Bedarf nachwürzen. Das Tatar auf zwei Tellern anrichten. Die Austern bei schwacher Hitze nochmals kurz erwärmen und sofort neben dem Tatar mit dem Bratensatz aus der Pfanne und den knusprigen Bärlauchblüten servieren.

Langsam gegarte Hammelschulter mit Frühlingskräutern aus dem Garten

Für dieses Rezept brauchen Sie einen geselligen Ort, mindestens ein halbes Dutzend nette Menschen, einen halben Tag freie Zeit, einen großen, einfach gedeckten Tisch und etwa drei Flaschen ehrlichen, guten Wein. Außerdem braucht es die Bereitschaft zu teilen sowie helfende Hände zum Reichen der Schüsseln und um das Brot zu brechen. Die Zutaten, die Sie für dieses besondere Essen benötigen, sind lediglich frische Kräuter, Hammelfleisch und Gemüse.

FÜR 8 BIS 10 PERSONEN

1 Hammelschulter, mit Knochen (3–4 kg)

2 EL Olivenöl extra vergine

1 Bund gemischte Kräuter (z. B. Rosmarin, Salbei, Estragon, Thymian, Lorbeer, Majoran, Fenchelgrün)

2 Knollen Knoblauch, jeweils quer halbiert

250 ml Cidre

1 EL Mehl

300 ml Gemüse-, Geflügel- oder Lammfond

2 TL Fruchtgelee (z. B. Johannisbeer- oder Holzapfelgelee)

Salz und frisch gemahlener schwarzer Pfeffer

Den Backofen auf 200 °C vorheizen.

Die Hammelschulter in einen großen Bräter legen und rundum mit Öl einreiben. Großzügig salzen und pfeffern und 40 Minuten im Ofen braten, bis das Fleisch Farbe angenommen hat und anfängt, köstlich zu duften. Den Bräter aus dem Ofen nehmen. Kräuter, Knoblauch und Cidre zugeben. Den Braten zuerst mit Backpapier, dann den gesamten Bräter mit Alufolie abdecken. Die Folie an den Rändern fest andrücken, damit der Dampf nicht entweicht.

Ofentemperatur auf 120 °C zurückschalten. Den Bräter wieder in den Ofen geben und das Fleisch 6 Stunden schmoren, bis es wundervoll zart ist. Aus dem Ofen nehmen. Den Braten vor dem Entfernen der Folie und des Backpapiers 20 bis 25 Minuten ruhen lassen. Vorsichtig aus dem Bräter nehmen und auf ein Holzbrett oder eine Servierplatte legen.

Das überschüssige Fett mit einem großen Löffel vom Bratenfond abschöpfen. Alle verbliebenen, ganzen Kräuter herausnehmen, um den Fond für die Sauce verwenden zu können. Dazu den Bräter schwach erhitzen, das Mehl zugeben und mit einem Kochlöffel oder Spatel gründlich mit den restlichen Kräutern und dem weichen, gerösteten Knoblauch verrühren. Den Bratensatz dabei vom Boden des Bräters lösen. Die Brühe und das Gelee unterrühren. Alles aufkochen und einige Minuten sanft köcheln lassen, damit die Sauce eindickt. Durch ein Sieb in einen Topf passieren und vor dem abschließenden Abschmecken mit Salz und Pfeffer noch einmal kurz aufkochen. Den Braten mit der Sauce und einfachem Gemüse der Saison servieren.

GELINGT AUCH MIT | Lamm

Honigkuchen aus Dinkel mit gerösteten Koriandersamen, Mandeln und Orangensirup

Einem so verlockend süßen, honiggetränkten Kuchen kann man nicht widerstehen. Er wird mit Dinkelmehl, einer sehr alten Weizensorte mit nussig-süßem Geschmack, gebacken. Die Orangenschale sorgt für eine fruchtige Note, und die ölhaltigen Mandeln spenden Saftigkeit. Die Hauptrolle spielen hier aber Koriandersamen und Honig. Sie verleihen dem Kuchen nicht nur Konsistenz und Wärme, sondern auch eine blumige Süße, die je nach Honigsorte variiert.

FÜR 6 BIS 8 PERSONEN

275 g Butter, plus etwas mehr Butter zum Ausfetten der Form

250 g brauner Zucker

4 EL flüssiger Honig

Zesten von 1 unbehandelten Orange

2 TL Koriandersamen, in der Pfanne trocken geröstet und zerstoßen

4 große Eier

150 g Dinkelmehl

2 TL Backpulver

150 g gemahlene Mandeln

FÜR DEN HONIG-KORIANDER-SIRUP

4 EL flüssiger Honig

2 TL Koriandersamen, in der Pfanne trocken geröstet und zerstoßen

Saft von 1 Orange

AUSSERDEM

eine Springform (ø 18 cm)

Den Backofen auf 170 °C vorheizen.

Die Butter in einer Rührschüssel schaumig schlagen. Zucker, Honig, Orangenzesten und Koriander zugeben. Alles zu einer Creme aufschlagen. Die Eier mit je 1 Esslöffel Mehl zufügen und gut einarbeiten, bevor das nächste Ei mit Mehl untergemischt wird.

Das restliche Mehl mit dem Backpulver in eine Schüssel geben und gründlich vermischen. Die Mehlmischung über die Buttercreme sieben und anschließend vorsichtig mit einem großen Metalllöffel unter die Creme heben. Danach die Mandeln unterrühren und alles zu einem glatten Teig verarbeiten.

Den Boden der Form mit Backpapier auslegen, den Rand mit Butter einfetten. Den Teig einfüllen und mit dem Löffelrücken glatt streichen. Die Form auf ein Backblech stellen (beim Backen kann Teig austreten) und den Kuchen etwa 50 Minuten im Ofen backen, bis sich der Teig auf Druck elastisch anfühlt oder bei der Holzstäbchenprobe kein Teig mehr an dem Stäbchen haften bleibt. Den Kuchen aus dem Ofen nehmen und etwas abkühlen lassen.

Währenddessen den Sirup vorbereiten. Dazu alle Zutaten in einem Topf verrühren und bei mittlerer bis starker Hitze ohne Rühren etwa 5 Minuten einkochen. Den Kuchen in der Form lassen und mit dem Holzstäbchen vorsichtig an der Oberseite einstechen. Kuchen mit dem Sirup beträufeln, sodass er in den warmen Teig einzieht. Den Kuchen noch 30 Minuten in der Form lassen. Dann herausnehmen und auf einem Kuchengitter auskühlen lassen. Der Kuchen schmeckt am besten, wenn man ihn vor dem Servieren ein bis zwei Tage durchziehen lässt. Luftdicht verschlossen, hält er sich mindestens eine Woche.

In Honig geröstete Kerne mit Chili, Thymian und Rosmarin

Honig in seiner Vielfalt erstaunt mich immer wieder. Er gehört zu meinen Lieblingszutaten und ist rein bis zur Vollkommenheit. Millionen geflügelter Wesen haben ihn hergestellt. In diesem Rezept verleiht er den gerösteten Kernen ihre Süße und charakteristische Note. Diesen Snack kann man als Aperitif reichen, in Lunchpakete geben, als Salatgarnitur verwenden – oder einfach zwischendurch genießen.

ERGIBT 2 GLÄSER

- 100 g Kürbiskerne
- 50 g Leinsamen
- 50 g Sonnenblumenkerne
- 25 g Sesamsaat
- 4–6 Zweige Rosmarin, die Nadeln abgezupft
- 1–2 TL Chiliflocken
- 2 EL Bio-Tamari- oder Sojasauce
- 2 EL flüssiger Honig

Den Backofen auf 170 °C vorheizen.

Alle Kerne und Samen in eine Schüssel geben. Rosmarinnadeln mit Chiliflocken und Tamari- oder Sojasauce zugeben und alles gründlich vermischen.

Den Kernemix auf einem großen, flachen Backblech verteilen und gleichmäßig mit dem Honig beträufeln. Das Blech in den Ofen geben und die Kerne darin 12 bis 15 Minuten rösten, bis sie anfangen, köstlich zu duften. Dabei alles zwei- bis dreimal mit einem Spatel wenden.

Das Blech aus dem Ofen nehmen und abkühlen lassen. Den Mix während des Abkühlens mehrmals umschichten. Dabei können die Kerne ruhig etwas zusammenkleben.

Sofort servieren oder ausgekühlt in ein luftdicht verschlossenes Glas oder einen Behälter geben. Der köstliche Kernemix ist bis zu drei Monate haltbar.

Salat aus Frühkohl mit Honig, und Linsensprossen

Bei diesem Salat geht es um die Frische und den Biss des rohen Kohls und die honigsüße Wärme des würzigen Dressings, das alles verbindet. Ich nehme dafür immer einen festen Frühkohl wie den typischen Spitzkohl. Dazu kommen Linsen- und Bohnensprossen oder gemischte Sprossen. Sie sind saftig, gesund und voller Geschmack. Der Kohl harmoniert wunderbar mit dem »Pep« des Dressings. Sind alle Zutaten zur Hand, wird dieser Salat blitzschnell zu einem perfekten Mittag- oder leichten Abendessen.

FÜR 4 BIS 6 PERSONEN

1 fester Kopf Spitzkohl (ca. 400 g)

4 Frühlingszwiebeln, geputzt und in dünne Ringe geschnitten

150 g Linsen- und/oder Bohnensprossen

2–3 TL Sesamsaat, in der Pfanne trocken geröstet

FÜR DAS DRESSING

1 Stück frische Ingwerwurzel (ca. 3 cm), geschält und gerieben

1 Knoblauchzehe, geschält und fein gerieben

Saft und abgeriebene Schale von ½ unbehandelten Orange

2 EL Bio-Tamari- oder Sojasauce

1–2 TL getrocknete Chiliflocken

50 g flüssiger Honig

2 TL Koriandersamen, in der Pfanne trocken geröstet und zerstoßen

2 TL Sesamöl

Für das Dressing alle Zutaten in eine kleine Schüssel geben und mit einem Schneebesen glatt rühren. Beiseitestellen.

Alle welken oder verfärbten Außenblätter des Kohls entfernen, den Kopf längs halbieren und den dicksten Teil des Strunks aus jeder Hälfte entfernen. Jede Kohlhälfte in dünne Streifen, nicht breiter als 1 Zentimeter, schneiden. Waschen und gut abtropfen lassen. (Das geht am besten mit einer Salatschleuder.)

Den Kohl auf einer großen Servierplatte oder auf mehreren Tellern verteilen. Die Hälfte des Dressings über den Kohl träufeln und die Frühlingszwiebel darüberstreuen.

Die Linsen- und/oder Bohnensprossen in eine kleine Schüssel geben, mit 3 Esslöffel Dressing beträufeln und gut vermengen. Die Sprossen über den Kohlstreifen mit den Frühlingszwiebeln verteilen. Den Sesam darüberstreuen und zum Schluss den Salat mit dem restlichen Dressing beträufeln. Sofort servieren.

Küste

Küste | Seetang in Glasbecken, wagemutige kleine Füße. Felsen, nasse Socken, Salzmarschen. Treibholz im Frühling, bunte Netzleinen. Sepiaschalen, Strandgut und das heimliche Wandern der Flussmündung. Lagerfeuer, Funkenregen, das Knacken von erhitzten Kieseln. Meine alten Pfannen, Abendessen, Pläne, nachts schwimmen zu gehen. Der Sammler, dunkle Grün- und Brauntöne des Seetangs im Wasser. Wütend tuckernde Motoren, Priele und Siele. Krabben, Abfall, Hummerreusen. Schlick, grüne Halden, ewig blauer, weiter Himmel. Das Meer. Queller (Meeresspargel) im Sand.

Krabben

Austern

Seetang

Meeresgemüse

Muscheln

Seespinne mit Loganbeeren, Zitronenzesten und Fenchelgrün

Wenn sich eine Himbeere in eine Brombeere verliebt, dann wird früher oder später daraus eine Loganbeere. Kultiviert wird die Beeren-Kreuzung überwiegend in den USA, Großbritannien und Neuseeland. Die Loganbeere ist rubinrot, schön saftig und schmeckt angenehm säuerlich. Diese Säure mag ich. Sie ist ähnlich der von reifen Tomaten, nur etwas fruchtiger, und passt wunderbar zu zartem Krabbenfleisch. Die Komposition in diesem Rezept erhält zusätzlich einen Frischekick durch Zitronenzesten und die kühle Lakritznote des Fenchelgrüns. Die Loganbeeren lassen sich auch durch Himbeeren ersetzen – und wenn Sie keine Seespinne bekommen, können Sie Taschenkrebs- oder Teufelskrabbenfleisch verwenden.

FÜR 2 PERSONEN

200 g frisches weißes Seespinnenfleisch und braunes (nach Belieben)

150 g reife Loganbeeren

etwas grob zerpflücktes Fenchelgrün

einige Fenchelblüten, falls verfügbar

2 EL Olivenöl extra vergine

Zesten und Saft von ½ unbehandelten Zitrone

Salz und frisch gemahlener schwarzer Pfeffer

Das Krabbenfleisch auf Schalenteile hin kontrollieren. Das weiße Fleisch auf einer Servierplatte oder auf zwei Tellern anrichten und darauf das braune Fleisch (falls verwendet) dekorativ setzen.

Logan- oder Himbeeren kurz abspülen und vorsichtig abtrocknen, halbieren und die Hälften auf oder rund um das Krabbenfleisch setzen. Das Fenchelgrün und die Fenchellblüten (falls verwendet) darüberstreuen. Mit Öl und Zitronensaft beträufeln und zum Schluss mit Salz und Pfeffer würzen.

Zu diesem Gericht frisch getoastetes Sauerteigbrot servieren.

Krabbensuppe

Ich koche diese Suppe schon seit Jahren – und nie nach Rezept. Sie schmeckt so sagenhaft gut, dass ich mir irgendwann vorgenommen habe, die Zutaten zu notieren, die ich hineingebe. Der Krabbenfond ist das A & O in der Suppe, aber dazu kommen Sahne, Thymian, Calvados und…

FÜR 4 BIS 6 PERSONEN

- 1 EL Olivenöl extra vergine
- 1 Stück Butter (ca. 50 g)
- 1 Zwiebel, gehackt
- 1 Fenchelknolle, geputzt und gehackt
- 1 Karotte, geputzt, geschält und gewürfelt
- 2 Stangen Staudensellerie, geputzt und gehackt
- 2 Knoblauchzehen, geschält
- 1 Lorbeerblatt
- 2 Zweige Thymian, die Blätter abgezupft
- 1 Zweig Estragon, die Blätter abgezupft
- 1 TL Paprikapulver
- 1 TL Fenchelsamen
- 1 kleiner Sternanis
- 125 ml Weißwein
- 250 g Tomaten, gehäutet und gehackt, oder 250 g gehackte Tomaten aus der Dose
- 1,2 l Krabbenfond
- 4 EL Crème double
- 200 ml Calvados
- Sahne zum Garnieren
- Salz und schwarzer Pfeffer

FÜR DEN KRABBENFOND

- 2 Taschenkrebs- oder Seespinnenkarkassen (mit Scheren und Schwanzklappe)
- 2 frische Plattfischkarkassen
- 1 Zwiebel, in Ringe geschnitten
- 2 Stangen Staudensellerie, geputzt und gehackt
- 1 Bund Thymian
- gehackte Petersilie (nach Belieben)
- 1–2 Knoblauchzehen, zerdrückt

Für den Krabbenfond die Panzer in Stücke brechen und mit allen anderen Zutaten für den Fond in einen großen Topf mit etwa 2 Liter Wasser geben. Bei mittlerer bis starker Hitze aufkochen und etwa 1 Stunde sanft köcheln lassen. Dabei ab und zu den Schaum an der Oberfläche mit einem Schaumlöffel abnehmen. Den Topf vom Herd nehmen und den Fond abkühlen lassen. Durch ein feines Sieb passieren und beiseitestellen. Es sollten etwa 1,2 Liter Fond herauskommen.

Für die Suppe das Öl mit der Butter in einer schweren Pfanne erhitzen. Zwiebel, Fenchel, Karotte, Staudensellerie, Knoblauch, Lorbeer, Thymian und Estragon zugeben. Etwa 5 Minuten braten, dabei regelmäßig rühren. Paprikapulver, Fenchelsamen und Sternanis hinzufügen und etwa 1 Minute weiterkochen. Den Wein angießen und die Tomaten zugeben. Alles gründlich verrühren und weitere 5 Minuten garen. Den Krabbenfond angießen und 25 bis 30 Minuten sanft mitköcheln lassen. Die Suppe vom Herd nehmen und etwa 20 Minuten abkühlen lassen. Anschließend in einem Mixer glatt pürieren, wenn nötig, portionsweise. (Bei Verwendung eines Stabmixers direkt im Topf darauf achten, dass auch hier eine glatte Konsistenz entsteht.)

Die Suppe durch ein Sieb in einen sauberen Topf passieren, dazu eventuell zum Durchdrücken einen Löffelrücken oder eine Schöpfkelle verwenden. Den Topf auf den Herd zurückstellen und die Suppe sanft aufkochen. Crème double und Calvados unterrühren. Salzen und pfeffern.

Die Suppe in vorgewärmten Schalen servieren. Mit einem Sahnewirbel, zerstoßenem Pfeffer und (wie auf der Abbildung links zu sehen) einer aufgebrochenen Krabbenschere oder Schwanzklappe garnieren.

Radicchio-Krabben-Gratin

Krabbenfleisch ist von Natur aus etwas süß, vor allem, wenn es ganz frisch ist. Deshalb kombiniere ich es gern mit etwas Scharfem, oder, wie in diesem Fall, mit leicht Bitterem. Das sanfte Dünsten der Zwiebel in Butter hebt ihre natürliche Süße hervor (es lohnt sich, sich Zeit zu nehmen, damit sie nicht anbrennt oder zu viel Farbe annimmt). Der leicht bittere Radicchio gleicht dies aus – und der Schuss Sahne rundet den Geschmack ab.

FÜR 2 PERSONEN

1 Stück Butter (ca. 50 g)

1 kleine Zwiebel, in dünne Ringe geschnitten

3 Knoblauchzehen, geschält und in dünne Scheiben geschnitten

1 Prise Chiliflocken (nach Belieben)

fein abgeriebene Schale von ½ unbehandelten Zitrone

1 kleinerer Kopf roter Radicchio (150–200 g), zerpflückt

250–300 g frisches weißes und braunes Krabbenfleisch

150 ml Crème double

Salz und frisch gemahlener schwarzer Pfeffer

FÜR DIE KRUSTE

100 g grobes Paniermehl

1 kleines Stück Butter (ca. 25 g), zerlassen

2 EL geriebener Parmesan

½ TL gehackte Rosmarinnadeln

AUSSERDEM

eine Auflaufform (ø ca. 20 cm)

Die Butter in einem mittelgroßen Topf mit schwerem Boden erhitzen, bis sie aufschäumt. Die Zwiebelringe mit Knoblauch, Chiliflocken (falls verwendet) und Zitronenschale zugeben. Mit Salz und Pfeffer würzen und alles unter regelmäßigem Rühren 8 bis 10 Minuten dünsten, bis die Zwiebelringe weich sind und leicht Farbe angenommen haben.

Den Radicchio hinzufügen und 6 bis 8 Minuten mitdünsten, bis er zusammenfällt. Das Krabbenfleisch mit Crème double unterrühren und alles sanft aufkochen. Die Masse 4 bis 5 Minuten simmern lassen, bis sie eindickt. Mit Salz und Pfeffer abschmecken. Den Krabben-Radicchio-Mix in die Auflaufform umfüllen.

Den Backofen auf 180 °C vorheizen.

Für die Kruste das Paniermehl mit der Butter, dem Parmesan und dem Rosmarin vermengen und die Masse gleichmäßig über dem Krabben-Radicchio-Auflauf verteilen.

Das Gratin 15 bis 20 Minuten im Ofen backen, bis die cremige Masse Blasen wirft und die Kruste sich goldbraun färbt. Aus dem Ofen nehmen und noch heiß mit einem grünen Salat servieren.

Austern mit Süßdolde und Stachelbeeren

Im Frühsommer beginnt sich alles voll zu entfalten. Unter all dem Grün blitzen weiße Stellen durch: Das ist die voll erblühte Süßdolde mit ihren zarten, milchweißen Blüten und leuchtend smaragdgrünen Blättern. Das Gewürz ist seinem Namen und seiner Natur nach süß und passt gut zu frischen, säuerlichen Stachelbeeren. Und da ich zu meinen Austern einen Säurelieferanten schätze, sind Stachelbeeren und Süßdolde eine ideale Kombination.

FÜR 2 PERSONEN

75 g feste Stachelbeeren, gewaschen und Stiele entfernt

1 EL Cidre-Essig

2 TL Zucker

1 Handvoll Blätter der Süßdolde *(Myrrhis odorata)*, grob gehackt, plus Blüten

12 frische Austern in der Schale

Salz und frisch gemahlener schwarzer Pfeffer

Die Stachelbeeren in dünne Scheiben schneiden und in eine Schüssel geben. Essig, Zucker und die Hälfte der Süßdoldenblätter hinzufügen. Salzen und pfeffern. Die Beeren in der Marinade ziehen lassen. Währenddessen die Austern aus der Schale lösen.

Zum Auslösen der Austern braucht man ein Messer mit stabiler, kurzer Klinge und ein Geschirrtuch zum Schutz der Hand vor der scharfkantigen Schale beim Halten der Auster. Die Auster dazu auf ein Schneidebrett legen und mit der hohlen Seite nach unten im Geschirrtuch festhalten, wobei das Scharnier zum Körper zeigt. Die Messerspitze abwärts gerichtet zwischen den beiden Schalenhälften am spitzen, hinteren Ende ansetzen. Sobald die Spitze eingedrungen ist, lässt sich die Schale etwas anheben. Dann das Messer langsam an der Unterseite der oberen Schalenhälfte entlangziehen. So wird der Adduktorenmuskel durchtrennt, und die Schale lässt sich öffnen. Die Klinge unter der Auster entlanggleiten lassen, um sie vollständig zu lösen. Die Flüssigkeit in der Schale belassen.

Zum Servieren die Austern jeweils in einer Schalenhälfte auf einer Servierplatte anrichten. Jede Auster mit dem Stachelbeeren-Mix garnieren, die restlichen Süßdoldenblätter zerpflücken und mit Süßdoldenblüten, falls vorhanden, bestreut servieren.

Geräucherte Austern mit Roter Bete, Meerrettich, Crème fraîche und Dill

Diese Mahlzeit ist einfach und ehrlich... schnell sind die süßen, erdigen Roten Beten gekocht, und das Dill-Dressing zuzubereitet – auch das Heißräuchern der Austern ist unkompliziert. Dafür braucht man lediglich ein paar Holzchips, wie man sie zum Grillen benutzt. Schade ist nur, dass die köstlichen Austern so schnell aufgegessen sind und es keinen Nachschlag gibt.

FÜR 2 PERSONEN

6 kleine Rote Beten

1 TL Olivenöl extra vergine

2 EL Crème fraîche

2 TL Meerrettich

1 kleines Bund Dill, gehackt

3 bis 4 Zweige Thymian, plus etwas mehr Thymian zum Servieren

8 frische Austern, aus der Schale gelöst (Seite 54) und in der Schalenhälfte belassen

2 Scheiben Roggenbrot

Butter zum Bestreichen der Brotscheiben

Salz und frisch gemahlener schwarzer Pfeffer

AUSSERDEM

ein paar Holzchips zum Räuchern

Das Kraut der Roten Beten abdrehen, sofern es noch dran ist. Alle schönen, zarten Blätter zum Garnieren zurückbehalten. Die Rüben kurz waschen und in einen Topf mit reichlich Wasser geben. Mit einer kräftigen Prise Salz bei starker Hitze zum Kochen bringen und 15 bis 25 Minuten garen, bis die Rüben mit einem spitzen Messer leicht zu durchstechen sind. (Die Kochzeit variiert je nach Größe und Frische der einzelnen Knollen.)

Die Roten Beten abgießen und abkühlen lassen. Wenn sie ausgekühlt sind, die größeren Knollen vierteln, die kleineren halbieren. Mit Öl beträufeln. Salzen und pfeffern. Beiseitestellen.

Crème fraîche mit Meerrettich und dem Großteil des Dills in eine kleine Schüssel geben. Salzen, pfeffern. Alles gut verrühren.

Eine große, schwere Pfanne mit gut schließendem Deckel stark erhitzen und die Holzchips mit dem Thymian hineingeben. Den Deckel schließen. Wenn das Holz nach wenigen Minuten zu rauchen beginnt, die Austern so hineinlegen, dass sie flach in den Schalen zwischen den Holzstücken liegen. Deckel wieder schließen und die Austern 3 bis 4 Minuten räuchern, bis sie sich etwas zusammengezogen haben, fest anfühlen und gar sind. Die Austern mit den Schalen herausnehmen. (Falls erforderlich, Austern in zwei Durchgängen räuchern.)

Das Brot toasten, leicht abkühlen lassen und dick mit Butter bestreichen. Je eine Scheibe Toast auf einen Teller geben, Rote Beten gleichmäßig darauf verteilen und die Dill-Meerrettich-Creme darüberträufeln. Austern aus den Schalen nehmen und oben darauflegen. Jede Portion mit Dill bestreuen und mit den Blättern der Roten Beten garnieren.

Austern in Hühnerbrühe mit Schnittlauch

Setz dich zu mir, erzähl mir vom Land und vom Meer! Erklär mir, wie etwas so Klares so viel Geschmack haben kann. Komm, brich die Schalen auf und lass die salzige Flut herausrinnen. Der Geschmack von Erde und Salzwasser treffen hier aufeinander. Lass uns diese kräftige Brühe zusammen mit den Austern genießen!

Das ist mit die einfachste und schönste Art, Austern zu essen. Die Basis ist eine kräftige Brühe, die Sie aus den Resten der Brathähnchen vom Vortag zubereiten. Kosten Sie die klare, würzige Brühe, während sie vor sich hinköchelt, und halten Sie dabei einen Moment lang inne. Köstlich!

FÜR 2 PERSONEN

500 ml kräftige Hühnerbrühe

6 frische Austern, aus der Schale gelöst (Seite 54), die Flüssigkeit zurückbehalten

1 kleines Bund Schnittlauch, gehackt, plus die Blüten, falls vorhanden

Salz und frisch gemahlener schwarzer Pfeffer

FÜR DIE HÜHNERBRÜHE (ERGIBT 1 BIS 1,5 LITER)

2 Karkassen von gebratenen Hähnchen und Bratreste aus dem Bräter

1–2 Zwiebeln, in dünne Ringe geschnitten

2 große Karotten, geputzt, geschält und grob gehackt

3–4 Stangen Staudensellerie, geputzt und grob gehackt

½ Stange Lauch, geputzt, das Weiße in Ringe geschnitten

2–3 Knoblauchzehen, zerdrückt

6 Zweige Thymian

einige Stängel Petersilie

3–4 Lorbeerblätter

1 TL schwarze Pfefferkörner

Für die Hühnerbrühe die Karkassen der Brathähnchen zerkleinern und mit Haut, Fett, Knorpel, Knochen und anderen Aromaträgern aus dem Bräter in einen Suppentopf umfüllen. Das Gemüse, die Kräuter und die Pfefferkörner hinzufügen und alles mit 1,5 Liter Wasser begießen. Bei mittelstarke Hitze aufkochen. Die Hitze stark reduzieren und die Brühe ohne Deckel 2 bis 3 Stunden sanft köcheln lassen. Bei Bedarf etwas Wasser nachfüllen.

Brühe durch ein feines Sieb in eine Schüssel oder ein Behältnis seihen und abkühlen lassen. Abgedeckt in den Kühlschrank stellen.

Das Fett von der Oberfläche der erkalteten Brühe abheben. Etwa 500 Milliliter Brühe in einem Topf bei mittlerer bis starker Hitze aufkochen und sanft weiterköcheln lassen. Zum Schluss mit Salz und Pfeffer abschmecken. (Das Würzen der Brühe bringt ihr ganzes Aroma erst zur Entfaltung!)

Zwei große Suppenteller vorwärmen. Kurz vor dem Servieren je drei Austern in jeden Teller geben. Die Austernflüssigkeit in die Hühnerbrühe gießen, alles verrühren und nochmals erwärmen.

Die Brühe vom Herd nehmen. Sofort über die Austern gießen, damit sie im Teller leicht pochiert werden. Den Schnittlauch mit den Blüten, falls vorhanden, darüberstreuen. Mit Salz und Pfeffer würzen und sofort servieren.

Knuspriger Darmtang mit Kartoffelküchlein

Gemeiner Darmtang, auch »Meereshaar« genannt, ist eine Tangart, die freistehende Felsen mit einer leuchtend grünen Decke überzieht. Bei Flut steigt der Tang mit dem Wasser und gleitet dann in fadenförmigen Gespinsten im Auf und Ab der Wellen dahin. Dieses Rezept von der Küste zeigt, wie man diesen Tang zubereiten kann. Gebraten schmeckt er wunderbar!

FÜR 2 PERSONEN

1 große Handvoll Gemeiner Darmtang *(Enteromorpha intestinalis)*, zu finden in Salzmarschen an Nord- und Ostsee, gründlich gewaschen

450 g mehligkochende Kartoffeln, geschält und in Würfel geschnitten

2 TL Salz, plus etwas mehr zum Würzen

1 Stück Butter (ca. 50 g)

2 Schalotten oder 1 kleine Zwiebel, in dünne Ringe geschnitten

1–2 Zweige Thymian, die Blätter abgezupft

30 g Cheddar-Käse, gerieben

Sonnenblumenöl zum Frittieren

3 EL Olivenöl extra vergine

frisch gemahlener schwarzer Pfeffer

Überschüssiges Wasser aus dem Tang drücken und diesen auf einem sauberen Geschirrtuch zum Trocknen ausbreiten. Mehrere Stunden in der Sonne (im Freien oder an einem sonnigen Fensterplatz) oder im Kühlschrank trocknen lassen.

Wenn der Tang vollständig getrocket ist, die Kartoffelwürfel in einen großen Topf mit reichlich Wasser geben. Das Salz hinzufügen und das Wasser zum Kochen bringen. Die Kartoffeln 20 bis 30 Minuten garen, bis sie weich sind. Anschließend durch ein Sieb abgießen und 15 Minuten darin ausdämpfen lassen.

Währenddessen die Hälfte der Butter in einer Pfanne bei mittlerer Hitze schmelzen. Schalotten- oder Zwiebelringe und den Thymian hinzufügen, umrühren und mit Salz und Pfeffer würzen. Unter regelmäßigem Rühren 15 bis 20 Minuten dünsten, bis die Zwiebeln weich sind und Farbe annehmen.

Die Kartoffeln in einer Schüssel fein zerdrücken. Die gedünsteten Schalotten oder Zwiebeln, die restliche Butter und den Käse unterrühren. Kräftig würzen. Aus der Masse zwei Küchlein formen und abgedeckt mindestens 1 Stunde in den Kühlschrank stellen.

Zum Frittieren einen hohen Topf mit Sonnenblumenöl füllen und auf 160 °C erhitzen (oder bis ein Brotwürfel in 30 Sekunden darin goldbraun wird). Den Tang darin in kleinen Portionen 30 bis 60 Sekunden frittieren, bis das Öl nicht mehr sprudelt, der Tang jedoch immer noch smaragdgrün ist. Jede Portion mit einem Schaumlöffel herausnehmen und auf Küchenpapier gut abtropfen lassen. Salzen und beiseitestellen.

Das Olivenöl in einer Pfanne bei mittlerer Hitze erwärmen. Die Küchlein darin von jeder Seite 5 Minuten knusprig goldbraun braten. Mit dem frittierten Tang servieren. (Auch ein Spiegelei macht sich gut auf den Küchlein.)

VEGETARISCH | GELINGT AUCH MIT | See-Mangold, Weißkohlsalat

Rinderhachse mit geräucherter Dulse

Dulse oder Lappentang ist leicht an seiner ochsenblutroten Farbe zu erkennen und wirkt transparent, wenn man ihn gegen das Licht hält. Oft liegt er entlang der Flutlinie am Strand und sieht aus wie Hände mit klobig, gespreizten Fingern. Ich sammle und wasche die Blätter, dann räuchere ich sie acht bis zwölf Stunden kalt. Das verleiht der Alge einen unglaublichen Geschmack, der das langsam gegarte Rindfleisch intensiv bereichert. Die Tangblätter müssen Sie nicht selbst räuchern. Man erhält sie küchenfertig bei auf Meeresalgen spezialisierten Lieferanten im Internet (versuchen Sie es bei *maraseaweed.com* und *irishseaweeds.com*).

FÜR 4 PERSONEN

2 EL Olivenöl extra vergine oder Rindertalg

800 g Rinderhachse (mit oder ohne Knochen), in dicke Beinscheiben geschnitten

2 Zwiebeln, in dünne Ringe geschnitten

4 große Knoblauchzehen, geschält und in dünne Scheiben geschnitten

2 Stangen Staudensellerie, geputzt und in dünne Scheiben geschnitten

3–4 Zweige Thymian

125 ml Rotwein

1 Handvoll geräucherte Dulse/Lappentang *(Palmaria palmata)*, eine Rotalgenart, gedeiht hauptsächlich an der Nordseeküste

300 ml Hühnerbrühe (Seite 58) oder Hühnerfond aus dem Glas

Salz und frisch gemahlener schwarzer Pfeffer

Den Ofen auf 120 °C vorheizen.

Öl oder Rindertalg in einer großen, feuerfesten Kasserolle erhitzen. Die Beinscheiben salzen und pfeffern. In die Kasserolle geben und von jeder Seite 3 bis 4 Minuten scharf anbraten, bis sie rundum Farbe angenommen haben. Aus der Kasserolle nehmen und auf einem Teller beiseitestellen.

Zwiebeln, Knoblauch, Staudensellerie und Thymian in der Kasserolle bei schwacher Hitze unter regelmäßigem Rühren dünsten, bis die Zwiebeln weich sind. Das Fleisch dazugeben. Wein, Rotalgen und Hühnerbrühe hinzufügen und alles sanft köcheln lassen.

Die abgedeckte Kasserolle 4 bis 5 Stunden in den Ofen stellen, bis sich das Fleisch mit einer Gabel leicht zerteilen lässt. Aus dem Ofen nehmen. Das Fleisch nach Belieben mit Salz und Pfeffer nachwürzen und etwa 25 Minuten ruhen lassen. Schmeckt am besten mit einem cremigen Kartoffelpüree.

Seetang auf Brot mit Haferflocken, Muscheln und Schinken

Mein Freund John Wright machte mich mit dem Porphyrtang bekannt, einer Rotalge, deren junge Blätter durchscheinend violett sind, die ausgewachsenen aber grün. Schön weich gekocht, schmecken die Blätter wunderbar. Doch obwohl sie in der Textur glatt und unvorstellbar dünn sind, bekommt man sie nicht ganz so einfach gar. Der Geschmack des Tangs harmoniert bestens mit den Muscheln und dem würzigen Schinken.

FÜR 4 PERSONEN

1 Schüssel frischer Porphyrtang *(Porphyra umbilicalis)*, gründlich gewaschen, oder 1 Glas vorgekochter Seetang

4 große Scheiben roher Schinken

25 g Haferflocken

1 Stück Butter (ca. 50 g)

1 Knoblauchzehe, geschält und gerieben

750 g frische Muscheln (z. B. Herzmuscheln in der Schale, geputzt und gewaschen, die Bärte entfernt (bereits geöffnete Exemplare entsorgen!)

4 Scheiben Sauerteig-, Vollkorn- oder Roggenbrot

Salz und frisch gemahlener schwarzer Pfeffer

Bei Verwendung von frischem Tang diesen unter mehrmaligem Wechseln des Wassers waschen, bis er vollkommen sandfrei ist. Zum Kochen den Tang grob hacken. In einen großen, schweren Topf geben, reichlich Wasser angießen und bei geschlossenem Deckel zum Kochen bringen. Den Tang etwa 6 Stunden sanft köcheln, bis er schön weich und die Flüssigkeit eingekocht ist. Bei Bedarf etwas Wasser angießen, bis eine dicke, leicht klebrige Masse entstanden ist. Den gekochten Tang beiseitestellen.

Den Backofen auf 120 °C vorheizen.

Den Schinken auf ein mit Backpapier belegtes Blech legen und die Haferflocken rundherumstreuen. Etwa 15 Minuten im Ofen braten, bis der Speck knusprig ist und die Haferflocken geröstet sind.

Die Butter in einem mittelgroßen Topf bei mittlerer Hitze schmelzen. Den Knoblauch darin dünsten, bis er weich ist, aber noch keine Farbe angenommen hat. Die Muscheln mit 2 Esslöffel Wasser hinzufügen und alles gut verrühren. Abgedeckt etwa 4 Minuten kochen. Dabei den Topf regelmäßig rütteln, damit sich die Muscheln öffnen. Sind sie offen (alle noch geschlossenen Muscheln entsorgen), mit einem Schaumlöffel herausnehmen und beiseitestellen. Den Topf auf dem Herd lassen.

Etwa 200 Gramm des gekochten Tangs hacken und gut unter den Muschelkochsud rühren. Mit Salz und Pfeffer abschmecken. Anschließend 5 bis 10 Minuten sanft köcheln lassen, bis sich der Tang zu verdicken beginnt, aber immer noch feucht ist.

Das Brot toasten und jede Scheibe mit warmem Seetang belegen. Die Muscheln aus den Schalen lösen und über dem Tang verteilen. Den Knusperschinken darüberbröckeln. Mit Haferflocken bestreuen und sofort servieren.

Küsten-Meerkohl und Seebarsch

Der Küsten-Meerkohl ist eine recht auffällige, robuste Pflanze, die auf öden und unwirtlichen Kiesstränden gedeiht. Oft steht sie dort allein, als einzige kupfergrün blühende Schönheit, fest im harten Stein verwurzelt. Im Frühling bildet sie köstliche, brokkoliähnliche Knospen. Die jungen Blätter sind so zart, dass man sie auch roh essen kann. Die etwas größeren werden dagegen am besten, leicht blanchiert oder gedämpft, mit Butter und Olivenöl serviert. Sowohl roh als auch gekocht haben die Meerkohlblätter einen dezenten Salzgeschmack, wie so vieles Küstengemüse. Die Pflanze blüht im späten Frühjahr und Frühsommer und trägt dann zierliche, essbare, weiße Blüten. Im Herbst wachsen die Früchte in Form Hunderter perlenartiger Beeren, und im Winter treibt der Wind abgestorbene Meerkohlgerippe über den leeren Strand.

FÜR 6 PERSONEN ALS APPETITHAPPEN

100 g frisches Seebarschfilet, enthäutet

Saft von ½ Zitrone

1 EL Olivenöl extra vergine

12 kleine Blätter Küsten-Meer- oder Strandkohl (*Crambe maritima*; wächst wild an den Stränden der Nord- und Ostsee) oder 12 zarte, junge Blätter Grünkohl

1 Handvoll Blüten des Küsten-Meerkohls, falls vorhanden

Salz und frisch gemahlener schwarzer Pfeffer

Das Seebarschfilet auf ein Brett legen und quer zur Faser in hauchdünne Scheiben schneiden.

Die rohen Fischscheiben in eine kleine Schüssel geben. Den Zitronensaft und das Olivenöl zugeben. Kräftig salzen und pfeffern.

Die Meerkohlblätter vorsichtig waschen und auf einem Servierteller oder -brett anrichten. Etwas Seebarsch mit der Marinade aus der Schüssel auf jedem Blatt verteilen. Mit Kohlblüten bestreut (falls vorhanden) servieren.

See-Mangold-Blätter in weißer Sauce und Lammnierchen

See-Mangold hole ich mir von einem bestimmten Strand. Das Wildgemüse wächst an der Stelle, wo der kleine Kiesparkplatz an einen langen Streifen Brachland stößt, dort, wo ein paar kaputte Jollen den Winter über auf ihren rostigen Gestellen im Wind klappern. Die Blätter sind dick, grün und pfeilförmig wie eine smaragdfarbene Krone. Am besten schmecken die jungen, zarten Blätter. Sie haben etwas vom Aroma feinsten Spinats und sind mit Sahne unwiderstehlich. Diese Variante mit scharf gebratenen Lammnieren ist nur eine von vielen.

FÜR 2 PERSONEN

200 ml Milch

½ Zwiebel, in dünne Ringe geschnitten

1 Lorbeerblatt

2 Zweige Thymian, die Blätter abgezupft

400 g Blätter des See-Mangolds *(Beta vulgaris ssp. maritima)*, ersatzweise Baby-Spinat- oder zarte Mangoldblätter, geputzt und die gröberen Stiele entfernt

1 Stück Butter (ca. 50 g)

15 g Mehl

4 Lammnieren

1 EL Olivenöl extra vergine

2 Zweige Rosmarin

Salz und frisch gemahlener schwarzer Pfeffer

Die Milch in einem Topf mittlerer Größe auf dem Herd stark erhitzen. Zwiebelringe, Lorbeerblatt und Thymian zugeben und alles sanft köcheln lassen. Den Topf vom Herd nehmen und die Aromen 15 bis 20 Minuten in die Milch einziehen lassen.

Währenddessen in einem großen Topf Wasser aufkochen. Die See-Mangold oder Spinat- bzw. Mangoldblätter zugeben und 3 bis 4 Minuten garen. Die Blätter abgießen und kurz unter fließendem, kaltem Wasser abschrecken. Nach dem Abkühlen ausdrücken, grob hacken und beiseitestellen.

Für die Sauce die Butter in einem Topf mittlerer Größe auf dem Herd erhitzen. Wenn sie aufschäumt, das Mehl einstreuen. Umrühren und 1 Minute anschwitzen. Die Milch durch ein Sieb angießen. Zwiebelringe und Kräuter entsorgen. Die weiße Sauce unter Rühren mit einem Schneebesen etwa 2 Minuten kochen lassen, bis sie eindickt. Kräftig salzen und pfeffern. Den Herd abschalten. Die gehackten Gemüseblätter unterrühren und abgedeckt warm halten.

Die Nieren vorsichtig längs halbieren. Mit der Messerspitze den harten, weißen Kern entfernen und entsorgen. Das Öl in einer Pfanne auf dem Herd stark erhitzen. Die Nierenhälften mit dem Rosmarin in das heiße Öl geben. Salzen und pfeffern. Die Nieren nach etwa 1 Minute wenden und auf der anderen Seite 1 Minute braten. (Nicht zu früh wenden, sie sollten etwas Farbe annehmen.) Den Herd ausschalten und die Nieren 4 bis 5 Minuten in der Pfanne ruhen lassen, dann auf vorgewärmten Tellern neben der Gemüsesauce anrichten. Nach Belieben mit etwas Toast servieren.

Queller und Garnelen mit Butter und Muskatblüte

Der Queller, auch als Meeresspargel bekannt, wächst wild in den Salzmarschen der meisten mitteleuropäischen Küsten – im Watt, in Buchten und an Flussmündungen. Er entstammt derselben Familie wie der See-Mangold (Seite 69). Wenn Sie Queller ernten, achten Sie darauf, dass Sie die Pflanze nicht entwurzeln. Und wenn Zeit und Gezeiten nicht auf Ihrer Seite sein sollten, finden Sie das Meeresgemüse manchmal sogar in gut sortierten Supermärkten. Der Queller ist fleischig, saftig und knackig herb. Wenn ich dieses Gericht zu Hause koche, dann verwende ich kleine Garnelen dazu und esse sie ganz – mit Schale und allem.

FÜR 4 PERSONEN

250 g Queller *(Salicornia europaea)*, die gröberen Stiele entfernt

1 Stück Butter (ca. 50 g)

2 EL Olivenöl extra vergine

2 Knoblauchzehen, geschält und in sehr dünne Scheiben geschnitten

½ TL Chiliflocken

fein abgeriebene Schale von ½ unbehandelten Zitrone, plus Saft von 1 Zitrone zum Beträufeln

½ TL gemahlene Muskatblüte

400 g frische Garnelen mit Schale

Salz und frisch gemahlener schwarzer Pfeffer

Wasser in einem Topf mittlerer Größe aufkochen und den Queller darin 3 bis 4 Minuten weich kochen. Abgießen und beiseitestellen.

Butter und Olivenöl in einer großen Pfanne mittelstark erhitzen. Knoblauch, Chiliflocken, Zitronenschale und Muskatblüte in das heiße, aufschäumende Fett geben und alles unter regelmäßigem Rühren 1 bis 2 Minuten braten, bis der Knoblauch an den Rändern Farbe anzunehmen beginnt. Den Queller unterheben.

Garnelen einige Minuten in kochendem Salzwasser blanchieren, bis sie ihre Durchsichtigkeit verloren haben und durchgegart sind.

Die Garnelen über den Queller geben und mit dem Zitronensaft beträufeln. Kräftig salzen und pfeffern. Vom Herd nehmen, sobald die Garnelen erwärmt sind. Alles gleichmäßig auf vier Teller verteilen und mit einem Bauernbrot und Butter sofort servieren.

Sauer eingelegte Muscheln mit Radieschen, geröstetem Koriander und Apfel

In diesem Salat stecken ein wenig Normandie und Erinnerungen an eine Radtour entlang der Route du Cidre: feste Radieschen mit Pfeffer und herrlich frischer, kalter Butter und dazu eine Schüssel mit prallen, gelben Muscheln in Sahne, die ich an einem Strand vor Gouville-sur-Mer zubereitet habe. Muscheln, ein knackiger, süßer Apfel und Cidre-Essig bester Qualität spielen in diesem Rezept die Hauptrollen. Ich liebe dabei besonders den orangenartigen Duft, den die gerösteten Koriandersamen der zarten Säure mitgeben.

FÜR 2 PERSONEN

2 Lorbeerblätter

2 Zweige Thymian, die Blätter abgezupft

500 g frische Miesmuscheln, abgebürstet und die Bärte entfernt (geöffnete Exemplare entsorgen!)

1 EL Cidre-Essig bester Qualität

½ TL brauner Zucker

2 TL Koriandersamen, in der Pfanne trocken geröstet

1 Apfel (z. B. Cox Orange, Jonagold, Elstar)

4–6 feste Radieschen, mit Blättern, falls erhältlich

Salz und frisch gemahlener schwarzer Pfeffer

In einem großen Topf 100 Milliliter Wasser aufkochen lassen und Lorbeerblätter und Thymianzweige hinzufügen. Die Muscheln in das sprudelnde Wasser geben und einen dicht schließenden Deckel auflegen. Etwa 2 Minuten kochen, bis sich die Muscheln geöffnet haben. Dabei den Topf ein- bis zweimal fest rütteln. Den Herd ausschalten. Die Muscheln durch ein Sieb über einer Schüssel abgießen, um den Kochsud aufzufangen. Alle geschlossenen Muscheln entsorgen.

Wenn die Muscheln etwas abgekühlt sind, das Fleisch aus den Schalen lösen und in eine Schüssel geben. Essig, Zucker, Koriandersamen und 2 Esslöffel von dem Kochsud hinzufügen. Alles gründlich vermengen. Leicht salzen und pfeffern.

Zum Servieren den Apfel vierteln, entkernen und jedes Viertel nochmals in 2 bis 3 Spalten schneiden. Die Apfelstücke auf zwei Tellern anrichten. Die Radieschen in sehr dünne Scheiben schneiden und mit den Blättern (falls verfügbar) dekorativ über die Apfelspalten geben. Anschließend die Muscheln mit reichlich Koriander-Dressing darüber verteilen und sofort servieren.

GELINGT AUCH MIT | Messermuscheln

Miesmuscheln mit Brunnenkressepüree und knusprigem Speck

Brunnenkresse, Speck und Muscheln? In dieses Rezept sind drei Überlegungen eingeflossen. Erstens: meine Lieblingssuppe aus Brunnenkresse – leuchtend grün, gehaltvoll und kräftig gewürzt. Zweitens: die salzige, herzhafte Note von knusprigem, durchwachsenem Speck. Drittens: meine Vorliebe für frisch gekochte Muscheln. Die Verwirklichung meiner Kreation vollzog sich genussvoll an meinem Küchentisch während eines Vormittags. Wichtig: Sobald die Muscheln gekocht sind, die Brunnenkresse blanchieren und das Püree zubereiten. Arbeiten Sie zügig, und servieren Sie alles möglichst heiß und liebevoll angerichtet.

FÜR 2 PERSONEN ALS LEICHTES MITTAG- ODER ABENDESSEN

- Olivenöl extra vergine zum Braten
- 2–4 Streifen geräucherter oder ungeräucherter durchwachsener Speck
- 1 kleines Stück Butter (ca. 25 g)
- ½ kleine Zwiebel, in dünne Ringe geschnitten
- 1 Knoblauchzehe, geschält und in dünne Scheiben geschnitten
- 1 kg Miesmuscheln, abgebürstet, die Bärte entfernt (geöffnete Exemplare entsorgen!)
- 150 g frische Brunnenkresse, plus etwas mehr Kresse zum Garnieren
- Salz und frisch gemahlener schwarzer Pfeffer

AUSSERDEM

- eine Küchenmaschine

Einen Schuss Öl in einer Pfanne mittelstark erhitzen. Den Speck darin 6 bis 8 Minuten braten, bis er, je nach Wunsch, goldbraun und knusprig ist. Die Pfanne vom Herd nehmen und warm halten.

Die Butter und 1 Esslöffel flüssiges Speckfett aus der Pfanne in einen großen Topf geben und mittelstark erhitzen. Zwiebelringe und Knoblauch in die aufschäumende Fettmischung geben. Leicht salzen und pfeffern. Alles 2 bis 3 Minuten dünsten, bis die Zwiebelringe weich sind, aber noch keine Farbe angenommen haben. Die Muscheln zusammen mit 2 Esslöffel Wasser hinzugeben. Einen Deckel auflegen und den Topf kurz rütteln. Die Muscheln 2 bis 3 Minuten kochen, bis sie sich etwas geöffnet haben. Alle geschlossenen Muscheln entsorgen.

Die Muscheln mit einem Schaumlöffel aus dem Topf heben und in eine vorgewärmte, große Schüssel geben. Den Topf (mitsamt Zwiebelringen und Kochsud) auf dem Herd lassen. Die Muscheln mit einem Geschirrtuch abdecken und möglichst warm halten. Die Brunnenkresse in den Topf geben und 1 bis 2 Minuten blanchieren, bis sie zusammenfällt. Den Inhalt des Topfes in der Küchenmaschine glatt pürieren.

Einen gehäuften Löffel Brunnenkressepüree auf jeden Teller setzen. Die Muscheln gleichmäßig darauf verteilen und mit einem knusprigen Speckstreifen und etwas Brunnenkresse garnieren. Sofort servieren.

Miesmuscheln mit Liebstöckel, Staudensellerie und Sahne

Liebstöckel, das klingt doch schon traumhaft… aber nicht gleich beim allerersten Probieren erschließt sich einem der Zauber dieses Würzkrauts. Die Pflanze mit ihrem intensiven Duft ist ungemein vielseitig. Ich verwende Liebstöckel in diesem Buch übrigens häufig, zum Beispiel mit Rhabarber und Ziegenkäse (Seite 18), mit Roten Beten und Knoblauch (Seite 94) und hier mit zarten Muscheln und erdigem Staudensellerie – stets durch Crème double bereichert.

FÜR 3 BIS 4 PERSONEN

1 Stück Butter (ca. 50 g)

1 EL Olivenöl extra vergine

3 Stangen Staudensellerie, geputzt und gewürfelt

1 Zwiebel, halbiert und in sehr dünne Ringe geschnitten

4 Zweige Thymian, die Blätter abgezupft

2–3 Knoblauchzehen, geschält und in dünne Scheiben geschnitten

4–5 Blätter Liebstöckel, grob gehackt

3–4 EL Crème double

1 kg frische Miesmuscheln, abgebürstet, die Bärte entfernt (geöffnete Exemplare entsorgen!)

Salz und frisch gemahlener schwarzer Pfeffer

Die Butter und das Öl in einem großen Topf mittelstark erhitzen. Den Staudensellerie in das aufschäumende Fett geben und unter regelmäßigem Rühren etwa 5 Minuten braten, bis er weich zu werden beginnt. Zwiebel, Thymian und Knoblauch zugeben. Leicht salzen und pfeffern. Gut umrühren und 3 bis 4 Minuten weitergaren, bis die Zwiebel weich ist, aber noch keine Farbe angenommen hat.

Die Hitzezufuhr erhöhen und Liebstöckel und Crème double zugeben. Sobald die Creme zu kochen beginnt, die Muscheln hinzugeben. Vorsichtig umrühren und sofort einen dicht schließenden Deckel auflegen. Die Muscheln etwa 4 Minuten unter gelegentlichem Rütteln des Topfes kochen, bis sie sich öffnen. Den Topf vom Herd nehmen und alle geschlossenen Muscheln entsorgen.

Sie können die Muscheln auf einzelne Schalen verteilen, sie im Kochtopf lassen oder auf einer Platte anrichten und servieren.

Gemüsegarten

Gemüsegarten | Hummeln, Morgensonne und nächtlicher Tau, klar und strahlend hell. Erinnerungen an Schubkarrenfahrten, und ich sitze drin. Das Klettergerüst, Bohnen, Erbsen und die Sense. Ein alter Obstkorb, Vogelgezwitscher, sengende Sonne, Petersilie, Rosmarin und Salbei. Beim Essen, die Augen voller Stolz. Die Luft im Stall ist kühl, sie riecht nach Stein und Metall. Die Tomaten reifen, der Gärtner wandert bedächtig von Beet zu Beet. Körbe voll mit leuchtenden Blumen und mit Salat. Kartoffelkraut trocknet auf einem Haufen. Alles ist lebendig, nichts schläft.

Zucchini

Tomaten

Rote Beten

Salat

Stachelbeeren

Rohe Zucchini mit Erbsen, Fenchel, Zitrone und Dillspitzen

Es lohnt sich, eine kleine Zucchinipflanze aus dem Gartencenter zu holen, um später daraus einen Salat aus den frischesten, feinsten Zucchini zubereiten zu können. Man braucht lediglich einen Pflanzkübel. Wenn Sie keine eigenen Zucchini kultivieren möchten oder können, kaufen Sie nur die ganz frischen, kleinen Zucchini – nicht dicker als ein Mittelfinger und so fest wie Holz. Ihr nussiger Geschmack hebt diesen Salat auf eine andere Ebene. Knackiger Fenchel mit zartem Anisaroma und Erbsen, aus der Schote direkt in die Schüssel gepalt, bringen Struktur ins Spiel, in die sich Zitrone, Dill und Minze als sommerfrische Salatzutaten perfekt einfügen.

FÜR 2 PERSONEN

250 g frische Erbsen in der Schote oder ca. 100 g TK-Erbsen

4–6 kleine, taufrische Zucchini

1 Fenchelknolle, geputzt

Saft und fein abgeriebene Schale von 1 unbehandelten Zitrone

3 EL Olivenöl extra vergine

3–4 Zweige Minze, die Blätter abgezupft und in dünne Streifen geschnitten, einige Blätter ganz belassen

1 kleines Bund Dill, die Spitzen von den Stielen gezupft

Salz und frisch gemahlener schwarzer Pfeffer

Die frischen Erbsen (falls verwendet) palen und beiseitestellen. Falls Sie Tiefkühlerbsen verwenden, Salzwasser in einem Topf auf dem Herd aufkochen, Erbsen hineingeben und 1 bis 2 Minuten gar kochen. Durch ein Sieb abgießen und unter fließendem, kaltem Wasser abschrecken. Gut abtropfen lassen und beiseitestellen.

Die Zucchini putzen und in dünne Scheiben schneiden. Die Fenchelknolle längs (von oben nach unten) in sehr feine Streifen schneiden und darauf achten, dass sie so dünn wie möglich sind. (Am besten eine Mandoline dazu verwenden. Aber nur mit Schneideschutz arbeiten!)

Die Zucchinischeiben und die Fenchelstreifen mit den Erbsen in eine Schüssel geben. Zitronensaft, -schale, Olivenöl, die Minzestreifen und die ganzen Minzeblätter sowie die Dillspitzen hinzufügen. Alles kräftig salzen und pfeffern. Salat vorsichtig mit den Händen vermengen und sofort servieren.

Gegrillte Zucchini mit Wachteleiern und Sauce tartare

Scharf gegrillte Zucchini, wenn sie leicht angesengt sind und Blasen werfen, schmecken umwerfend! Bei weiß glühender Grillkohle geht das blitzschnell – und trotzdem behalten die Zucchini noch Biss. Auch in der Grillpfanne gelingen Zucchini gut: Die Gemüsescheiben bei schwächerer Hitze etwas länger grillen, bis sie weich und nur stellenweise dunkel gebräunt sind.

FÜR 4 PERSONEN

- 8–12 frische Wachteleier
- 6–8 kleine feste Zucchini
- 4 EL Olivenöl extra vergine
- Saft und abgeriebene Schale von ½ unbehandelten Zitrone
- ½ Bund glatte Petersilie
- 1 Handvoll Fenchelgrün
- Salz und frisch gemahlener schwarzer Pfeffer

FÜR DIE SAUCE TARTARE

- 2 große Eigelb
- 1 TL scharfer Senf
- 2 TL Cidre-Essig
- 1 Sardellenfilet (in Salz eingelegt), gut abgespült
- 1 Prise Zucker
- 1 Knoblauchzehe, geschält und gerieben
- 200 ml Sonnenblumenöl
- 3 EL Olivenöl extra vergine
- 2–3 TL Kapern, grob gehackt
- 8–10 Cornichons, grob gehackt
- 1 Frühlingszwiebel, geputzt und fein gehackt
- 1 EL gehackter Dill
- 1 EL gehackte Petersilie
- 1 Ei, hart gekocht, grob gehackt
- Zitronensaft zum Abschmecken
- Salz und frisch gemahlener schwarzer Pfeffer

AUSSERDEM

- einen Holzkohlegrill und Holzkohle

Für die Sauce tartare Eigelbe, Senf, Essig, Sardellen, Zucker und Knoblauch in eine Küchenmaschine geben. Mit Salz und Pfeffer würzen und 40 Sekunden pürieren. Sonnenblumen- und Olivenöl in einer Schale vermischen und bei laufender Maschine in die Eigelb-Mischung gießen –erst tropfenweise, dann in einem Strahl, bis eine cremige Mayonnaise entstanden ist. Falls sie zu dick ist, 1 bis 2 Esslöffel warmes Wasser einrühren. Kapern und Cornichons mit Frühlingszwiebel, gehackten Kräutern und Ei unterheben. Mit Zitronensaft abschmecken.

Wasser in einem mittelgroßen Topf zum Kochen bringen und die Wachteleier darin etwa 3 Minuten kochen. Mit einem Schaumlöffel herausnehmen und in eine Schüssel mit Eiswasser legen. Sobald die Eier abgekühlt sind, einzeln auf einer Arbeitsfläche rollen und dabei die Schale leicht anknacken. Erneut in das Eiswasser legen (damit sich die Schale besser löst). Die Eier schälen und beiseitestellen.

Die Zucchini putzen, längs in dünne Streifen schneiden und in eine Schüssel geben. Salzen, pfeffern und 2 Esslöffel Olivenöl mit der Zitronenschale hinzufügen. Alles gut vermengen.

Den Holzkohlegrill anheizen. Wenn die Glut weiß glüht, die Zucchini auf den Grillrost legen und 8 bis 12 Minuten von jeder Seite grillen, bis sie dunkel und leicht karamellisiert sind (alternativ in einer sehr heißen Grillpfanne von jeder Seite 2 bis 3 Minuten braten). Zucchini vom Grill nehmen und auf einer Servierplatte anrichten. Die Wachteleier halbieren und neben die Zucchini legen. Die Sauce tartare darüber verteilen, mit Zitronensaft und dem restlichen Öl beträufeln und mit Petersilie und Fenchel bestreuen. Warm mit frischem Brot servieren.

Knusprige Zucchiniblüten mit Kabeljau

Ein wunderbar leichtes Sommergericht. Man mag gar nicht aufhören, von diesen gefüllten Zucchiniblüten zu essen. Sie schmecken köstlich. Man isst sie am besten... mit den Fingern, gemeinsam mit Freunden und im Zusammenklang mit gekühltem Sherry.

FÜR 6 PERSONEN

250 g Kabeljaufilet

150 g feines Meersalz

200 g mehligkochende Kartoffeln, geschält und in 3–4 cm große Würfel geschnitten

6 EL Olivenöl extra vergine

2–3 große Knoblauchzehen, geschält und fein gehackt

2 EL Crème double

12–14 kleine Zucchini mit großen Blüten oder 12–14 große Zucchiniblüten

1 EL Kürbiskerne, in der Pfanne trocken geröstet

Salz und frisch gemahlener schwarzer Pfeffer

1 kräftige Prise geräuchertes Paprikapulver *(Pimentón de la Vera)* zum Servieren

FÜR DEN AUSBACKTEIG UND DAS FRITTIEREN

50 g Mehl

50 g Speisestärke

1 kräftige Prise Salz

Sonnenblumenöl zum Frittieren

Das Fischfilet in einer Schüssel rundum mit Salz bestreuen und abgedeckt 5 bis 6 Stunden in den Kühlschrank stellen. Danach unter fließendem kaltem Wasser abwaschen. Filet in einen Topf geben, knapp mit Wasser bedecken und bei mittlerer Hitze 4 bis 5 Minuten garen, aus dem Topf nehmen und abkühlen lassen. Fischfleisch nach Gräten absuchen, Haut und Gräten entsorgen und das Fleisch grob zerpflücken. Die Kartoffeln mit reichlich Wasser in einem Topf zum Kochen bringen und 20 Minuten garen. Abtropfen lassen und mit einem Kartoffelstampfer pürieren.

In einer kleinen Pfanne 5 Esslöffel Öl schwach erhitzen. Den Knoblauch zugeben und einige Minuten dünsten, bis er beginnt, Farbe anzunehmen. Herausnehmen und mit den Fischflocken in einer Küchenmaschine glatt pürieren. Die Fischfarce in eine Schüssel umfüllen und den Kartoffelbrei mit der Crème double unterziehen. Mit Pfeffer würzen (es ist kein Salz mehr nötig!).

Eine Zucchiniblüte am Stielansatz halten und die Blätter über Zeigefinger und Daumen nach unten falten. Den Stempel und die Staubgefäße entfernen. Mit einem Teelöffel etwas Fischfarce in die Blüte füllen, leicht zusammendrücken und die Blätter zurückfalten. Die Arbeitsschritte mit den restlichen Blüten wiederholen. Die Kürbiskerne mit dem restlichen Öl in einer Schüssel mischen und mit Salz und Pfeffer würzen.

Für den Ausbackteig Mehl, Stärke und Salz in 150 Milliliter Wasser verrühren. Das Frittieröl 5 Zentimeter hoch in einen hohen Topf füllen und stark erhitzen. Die Blüten zuerst im Teig wenden, dann je 2 bis 4 Blüten vorsichtig mit einem Schaumlöffel in das heiße Öl tauchen (Topf nicht überfüllen!). Blüten etwa 2 Minuten frittieren, bis sie leicht goldbraun und knusprig sind. Auf Küchenpapier abtropfen lassen. Die Arbeitsschritte wiederholen. Zum Servieren je 2 bis 3 Blüten auf einem Teller anrichten, die Kürbiskerne darüberstreuen und mit Paprikapulver bestäuben.

GELINGT AUCH MIT | Frischkäse-Kräuter-Füllung

Geschmorte Tomaten auf Toast mit Estragon und Thymian

Die Idee, dass etwas kräftiger und intensiver wird, wenn es zusammenfällt, einschrumpft und weich wird, gefällt mir – auch wenn es paradox klingt. Genau das passiert beim Schmoren reifer Tomaten im Ofen. Süße und Vielfalt der Aromen verstärken sich bei diesem Prozess. Die Hitze karamellisiert die Süße, bringt aber zusätzlich eine bittere Note. Und dazu kommt dann noch Estragon mit seinem Anisgeschmack. Ich verwende ihn gern. Er aromatisiert die Tomaten sanft während des Garens und ist wohl das verblüffendste Würzkraut in Verbindung mit Tomaten.

FÜR 4 PERSONEN

- ca. 700 g reife Tomaten alter Sorten, in unterschiedlichen Größen, Farben und Formen
- 16 Knoblauchzehen, geschält
- 1 Bund Estragon
- 4–5 Zweige Thymian
- 3–4 EL Olivenöl extra vergine zum Beträufeln
- 4 Scheiben Bauern- oder Sauerteigbrot
- Salz und frisch gemahlener schwarzer Pfeffer

Den Backofen auf 140–150 °C vorheizen.

Alle größeren Tomaten vierteln oder achteln und eine Handvoll kleinere halbieren. Mit der Schnittfläche nach oben auf ein Backblech legen. Die restlichen kleineren Tomaten ganz lassen und ebenfalls auf dem Blech verteilen. Die Knoblauchzehen zwischen und in die Tomaten stecken.

Alle zarten Estragonstängel und Thymianzweige ganz belassen, von den etwas härteren Stängeln und Zweigen die Blättchen abzupfen. Die harten Stängel entsorgen, die zarten Stängel und abgezupften Blätter über die Tomaten streuen. Die Tomaten mit Öl beträufeln und kräftig salzen und pfeffern.

Das Backblech in den Ofen geben und die Tomaten etwa 2 Stunden schmoren, bis sie zusammengefallen und karamellisiert sind. Die Tomaten aus dem Ofen nehmen und ein paar Minuten abkühlen lassen. Währenddessen das Brot toasten.

Die weichen Tomaten mit einigen Knoblauchzehen, etwas Schmorsaft und vielen knusprigen Kräutern auf die Toastscheiben verteilen und sofort servieren.

Fischsuppe mit Tomaten und Sternanis

Ich variiere diese Fischsuppe immer wieder. In diesem Rezept verwende ich Seelachs, Tintenfisch und Miesmuscheln – doch Venusmuscheln in Kombination mit Krabbenfleisch schmecken Ihnen vielleicht sogar noch besser. Der Seelachs lässt sich auch durch jeden anderen weißfleischigen Fisch ersetzen, wie Dorsch, Knurrhahn oder Meeräsche.

FÜR 6 BIS 8 PERSONEN

5 EL Olivenöl extra vergine

1 große Fenchelknolle, geputzt und fein gehackt

2 Knoblauchzehen, geschält und in dünne Scheiben geschnitten

12 kleine Zwiebeln, gehackt

3 Stangen Staudensellerie, geputzt und fein gehackt

2 TL Fenchelsamen

2 TL Paprikapulver

1 Sternanis

1 kleine rote Chili, geputzt, entkernt und in sehr dünne Ringe geschnitten (nach Belieben)

1 Prise Safran

250 ml Weißwein

600 g reife Tomaten, geschält, entkernt und gehackt, oder 1 Dose gehackte Tomaten (400 g)

750 ml Fischfond oder Wasser

750 g Seelachsfilet

2 kleine Tintenfische, küchenfertig, in Ringe geschnitten

300 g Miesmuscheln, abgebürstet und die Bärte entfernt (geöffnete Exemplare entsorgen!)

1 Schuss Zitronensaft

Fenchelgrün und Petersilienblätter zum Bestreuen

Salz und frisch gemahlener schwarzer Pfeffer

In einem großen Topf oder einer Kasserolle 1 Esslöffel Öl mittelstark erhitzen. Fenchel, Knoblauch, Zwiebeln und Staudensellerie zugeben und unter häufigem Rühren 12 bis 15 Minuten sanft dünsten, bis die Zwiebeln weich sind. Fenchelsamen, Paprikapulver, Sternanis, Chili (falls verwendet) und Safran hinzufügen, weiterrühren und nochmals 5 Minuten dünsten. Den Weißwein angießen und alles bei starker Hitze aufkochen. Die Tomaten mit Saft zugeben und erneut zum Kochen bringen. Hitzezufuhr stark reduzieren und alles unter gelegentlichem Rühren etwa 30 Minuten sanft köcheln lassen. Den Fischfond oder Wasser angießen und 20 Minuten weiterköcheln lassen.

Währenddessen den Fisch vorbereiten. Dazu die Filets auf ein Schneidebrett legen und mit einem scharfen Messer von der Haut trennen. Noch vorhandene Gräten entfernen und die Filets in etwa 4 Zentimeter große Stücke schneiden. Zusammen mit den Tintenfischringen in eine Schüssel geben. Mit Salz und Pfeffer würzen.

Die Muscheln in die Suppe geben und abgedeckt 2 bis 3 Minuten köcheln lassen. Den Deckel abnehmen und den Topf kurz rütteln. Fisch und Tintenfisch vorsichtig in die Suppe geben. Abgedeckt weitere 3 bis 4 Minuten köcheln lassen, bis der Fisch gar ist und alle Muscheln geöffnet sind. Geschlossene Muscheln entsorgen.

Die Suppe abschmecken und bei Bedarf nachwürzen. Das restliche Olivenöl und den Zitronensaft unterrühren. Die Fischsuppe mit Fenchelgrün und Petersilienblättern bestreuen und in Schalen servieren. Dazu passt ein gutes Bauernbrot.

Frischer Tomatensalat

Diesen Salat möchte ich an einem Sommertag essen, wenn die Sonne heiß herabbrennt und der Weißwein gut gekühlt ist…, wenn auf dem Tisch frisches Brot mit dieser rissigen, mehligen Kruste steht, der Basilikum im Garten gigantisch duftet und das Olivenöl in der Flasche auf dem Tisch smaragdgrün leuchtet. Wunderbar kommen in diesem Salat die dünn geschnittenen roten Zwiebeln zur Geltung. Der Salat ist eine Ode an die Tomate, die, lässt man sie in der Sonne reifen, mit zum Köstlichsten gehört, was man essen kann. Ein wahrer Paradiesapfel.

FÜR 4 PERSONEN

1 kg reife Tomaten, in verschiedenen Größen und Farben

½ rote Zwiebel, halbiert und in sehr dünne Halbringe geschnitten

1 große Handvoll Basilikum, große Blätter abgezupft, kleinere an den zarten Stängeln belassen

FÜR DAS DRESSING

3 EL Olivenöl extra vergine

4 EL Rotweinessig

1 TL brauner Zucker

Salz und frisch gemahlener schwarzer Pfeffer

Zuerst die Tomaten vorbereiten: Dazu mit einem sehr scharfen Messer (am besten mit Wellenschliff) die Tomaten von oben nach unten in etwa 1 Zentimeter dicke Scheiben schneiden und die Stielansätze entfernen. Alle Scheiben leicht salzen und pfeffern, anschließend auf einem großen Servierteller anrichten. Dabei die größeren Tomatenscheiben unten anordnen und die kleineren Scheiben jeweils darüberschichten.

Die Tomaten mit den Zwiebelringen belegen und zum Schluss mit dem Basilikum bestreuen.

Für das Dressing Olivenöl, Rotweinessig und Zucker in einer kleinen Schüssel verrühren, bis sich der Zucker aufgelöst hat. Salzen und pfeffern, und nochmals gut verrühren. Das Dressing über die Tomaten und Zwiebeln träufeln und den Salat vor dem Servieren 5 bis 10 Minuten durchziehen lassen.

Geröstete Rote Beten und erntefrischer Knoblauch mit Liebstöckel und Thymian

Ich wollte mal wieder etwas Neues ausprobieren und erinnere mich, wie ich dieses Gericht mit einem Freund aß… zwanglos und ohne große Erwartung. Während des Essens herrschte behagliche Stille. Unsere Mienen strahlten und spiegelten Erstaunen wider. Wir genossen ein Essen, das in jeder Hinsicht köstlich war: weich gerösteter Knoblauch, wie Püree aus seiner papierenen Hülle gedrückt, purpurne Rote Beten mit Süße und reinerdigem Aroma – und dazu der Geschmack von Liebstöckel, der sich wie eine trunkene Welle darüber ergoss.

FÜR 2 PERSONEN

4–5 Rote-Bete-Knollen in verschiedenen Farben, gut abgebürstet, Wurzeln und Stielansätze entfernt

5–6 erntefrische Knoblauchknollen

1 Bund Thymianzweige

8–10 Lorbeerblätter, zerpflückt

1 kleines Bund Liebstöckel, die Blätter abgezupft und zerpflückt

2–3 EL Olivenöl extra vergine zum Beträufeln

Salz und frisch gemahlener schwarzer Pfeffer

Den Backofen auf 180 °C vorheizen.

Die Rote-Bete-Knollen in einen großen Topf geben und mit Wasser bedecken. Die Knollen darin ohne Deckel 20 bis 25 Minuten gar köcheln lassen.

Sobald die Roten Beten weich sind, durch ein Sieb abgießen und darin abkühlen lassen. Wenn sie handwarm sind, schälen (dabei Küchenhandschuhe verwenden, um Verfärbungen der Hände vorzubeugen) und in einen Bräter legen. Die größeren Knollen halbieren oder vierteln, damit alle Stücke in etwa gleich groß sind. Die Knoblauchknollen, die Thymianzweige und die zerpflückten Lorbeer- und Liebstöckelblätter zugeben. Mit Salz und Pfeffer würzen und alles mit Olivenöl beträufeln.

Den Bräter in den Ofen stellen und die Rote-Bete-Knollen darin 35 bis 45 Minuten rösten, bis der Knoblauch weich und zart ist und die Roten Beten knusprig zu werden beginnen und Blasen werfen.

Je 2 bis 3 geröstete Knoblauchknollen auf einem Teller neben dem Rote-Bete-Gemüse und den Kräutern anrichten. Dazu schmeckt getoastetes Sauerteigbrot sehr gut.

Gegrillte Sardinen mit Roten Beten, Kreuzkümmel und Rosmarin

Das letzte Mal, als ich dieses Gericht zubereitet habe, gab es dazu dünnes Fladenbrot, wie man es für Wraps benutzt – mit ein paar Teigblasen, wunderbar knusprig und weich zugleich. Wir haben die mit Kreuzkümmel aromatisierten Roten Beten einfach auf die Fladenbrote gegeben und mit den gegrillten Sardinen belegt. Darüber kam kühler Minzejoghurt, und das Ganze wurde zu einem köstlichen Wrap mit Sardinen und Roten Beten gerollt – eine tolle Möglichkeit, den hocharomatischen, doch unterschätzten, öligen Fisch zuzubereiten. Ganz traditionell, zu einem grünen Salat mit einfachem Dressing, schmecken Sardinen aber genauso gut.

FÜR 3 BIS 4 PERSONEN

1 kg kleine Rote-Bete-Knollen in verschiedenen Farben, gut abgebürstet, Wurzeln und Stielansätze entfernt

3 EL Olivenöl extra vergine

3–4 Zweige Rosmarin

8–12 frische Sardinen, küchenfertig

2 große Knoblauchzehen, geschält und gerieben

2–3 TL Kreuzkümmelsamen, leicht zerdrückt

1 kleines Bund Minze, die Blätter abgezupft und fein gehackt

2–3 EL Naturjoghurt

Salz und frisch gemahlener schwarzer Pfeffer

Den Backofen auf 200 °C vorheizen.

Die Rote-Bete-Knollen in einen großen Topf geben und mit Wasser bedecken. Ohne Deckel 20 bis 25 Minuten gar köcheln lassen.

Anschließend die Rote-Bete-Knollen durch ein Sieb abgießen und darin abkühlen lassen. Wenn sie handwarm sind, schälen (dabei Küchenhandschuhe verwenden, um Verfärbungen der Hände vorzubeugen) und in einen Bräter legen. Die größeren Knollen halbieren oder vierteln, damit alle Stücke in etwa gleich groß sind. Mit 2 Esslöffel Olivenöl beträufeln und die Rosmarinzweige darüber verteilen. Salzen und pfeffern.

Den Bräter in den Ofen stellen und die Rote-Bete-Knollen 20 bis 30 Minuten backen, bis sie goldbraun sind und stellenweise Blasen werfen. Aus dem Ofen nehmen und die Sardinen zwischen die Roten Beten legen.

Den Knoblauch und die Kreuzkümmelsamen in einer Schüssel mit dem restlichen Öl vermischen. Die Sardinen mit dem aromatisierten Öl bestreichen und kräftig salzen und pfeffern. Den Backofen auf Grillfunktion stellen und den Bräter erneut in den Ofen schieben. Die Sardinen darin 6 bis 8 Minuten übergrillen, bis sie goldbraun sind und die Haut knusprig zu werden beginnt.

Währenddessen die Minze in einer Schüssel gründlich mit dem Joghurt verrühren. Wenn die Sardinen fertig sind, im Bräter auf den Tisch stellen und dazu den Minze-Joghurt-Dip servieren.

GELINGT AUCH MIT | Makrele

Salat aus Roten Beten, Quark, geröstetem Koriander, Orangenzesten und Rosenblättern

Beim Anblick dieses Rohkostsalats ist man von der subtilen Schönheit hingerissen. Das Faszinierendste an ihm aber ist sein Geschmack: Süße liefern die hauchdünn geschnittenen Roten Beten (je frischer, desto süßer), und seinen herrlichen Duft erhält der Salat von den gerösteten Koriandersamen, der Orangenschale, vom zarten Aroma des Rosenwassers – und den essbaren Rosenblütenblättern. Ich verwende dazu gern Schafsquark, seiner cremigen Fülle wegen, aber frischer Ziegenkäse oder guter Mascarpone schmecken dazu ebenfalls.

FÜR 4 PERSONEN ALS VORSPEISE

5–6 Rote-Bete-Knollen in verschiedenen Farben (etwa Golfballgröße)

Saft und fein abgeriebene Schale von 1 unbehandelten Orange

1–2 TL Rosenwasser

2 EL Olivenöl extra vergine

150 g Schafsquark

2 TL kleine Koriandersamen, in der Pfanne trocken geröstet und zerdrückt

1 Handvoll getrocknete, essbare Rosenblätter (nach Belieben)

Salz und frisch gemahlener schwarzer Pfeffer

Die Roten Beten je nach Dicke der Schale gründlich abbürsten (wenn sie noch sehr frisch sind, genügt das Abbürsten) oder schälen (dabei Küchenhandschuhe verwenden, um Verfärbungen der Hände vorzubeugen). Die Knollen mit einer Mandoline oder einem sehr scharfen Messer in etwa 1 Millimeter dicke Scheiben hobeln bzw. schneiden und in eine Schüssel geben.

In einer separaten Schüssel Orangensaft und -schale mit dem Rosenwasser und dem Olivenöl zu einem Dressing verrühren und mit einer Prise Salz und einem Hauch Pfeffer würzen. Die Hälfte des Dressings über die Roten Beten träufeln und alles mit den Händen vermengen. Den Salat 15 bis 20 Minuten ruhen lassen, damit sich die Aromen vermischen und entfalten können.

Zum Servieren einige gehäufte Esslöffel Schafsquark auf eine Servierplatte setzen (oder den Quark in einer Schicht darauf verstreichen), mit der Roten Bete belegen, die Koriandersamen und Rosenblätter (falls verwendet) darüberstreuen und vor dem Servieren mit dem restlichen Dressing beträufeln.

Buttersalat mit Blutpudding, Thymian-Croûtons und Senfdressing

Ein herzhafter Buttersalat ist zart, hell, leicht und unglaublich erfrischend. Ich mag ihn am liebsten wie hier, ertränkt in einem senfigen French Dressing, und sogar dann noch, wenn er etwas welk ist, so, als wäre er für ein Abendessen zubereitet und dann den ganzen Abend über nicht angerührt worden. Doch es sind nicht nur die lecker gedressten Blätter des Buttersalats, die diesen Salat so fein machen. Guter Blutpudding, außen knusprig gebraten und innen mit weichem Fett, und die krossen Croûtons zwischen den Salatblättern machen die Sache magisch.

FÜR 2 PERSONEN

1 kleiner Kopf Buttersalat (alte Salatsorte mit besonders zarten Blättern) oder 1 Kopfsalat

200 g Blutpudding bester Qualität (siehe Seite 31)

1 EL Olivenöl zum Braten

4 Scheiben helles Bauernbrot oder Sauerteigbrot

1 kleines Stück Butter (ca. 25 g) zum Braten

1 kleines Bund Thymian, die Blätter abgezupft

2 große oder 4 kleine weiße Zwiebeln, geputzt und in dünne Ringe geschnitten

Salz und frisch gemahlener schwarzer Pfeffer

FÜR DAS DRESSING

2 TL Dijon-Senf

3 TL Cidre-Essig

2 TL brauner Zucker

3 EL Sonnenblumenöl

3 EL Olivenöl extra vergine

1 kleine Knoblauchzehe, zerdrückt

Salz und frisch gemahlener schwarzer Pfeffer

Für das Dressing alle Zutaten, einschließlich Salz und Pfeffer, in ein sauberes Marmeladenglas oder eine kleine Schüssel geben und schütteln oder rühren, bis alles gut vermischt ist.

Den Strunk aus dem Salatkopf schneiden und die Blätter abtrennen. Gründlich in kaltem Wasser waschen, aber die Blätter dabei nicht drücken. In der Salatschleuder trocken schleudern.

Den Blutpudding in etwa 3 Zentimeter dicke Scheiben schneiden. Das Öl in einer mittleren Pfanne nicht zu stark erhitzen und die Scheiben darin unter gelegentlichem Wenden 7 bis 8 Minuten braten, bis sie an den Kanten knusprig zu werden beginnen. Die Pfanne vom Herd nehmen. Die Blutpudding-Scheiben herausnehmen und warm halten.

Die Kruste der Brotscheiben abschneiden und jede Scheibe in croûtongroße Stücke zerpflücken. Die Pfanne wieder auf den Herd zurückstellen und die Butter darin erhitzen. Wenn sie aufschäumt, die Brotstücke darin unter häufigem Wenden von allen Seiten knusprig goldbraun rösten. Salzen, pfeffern und den Thymian darüberstreuen. Die Pfanne vom Herd nehmen und beiseitestellen.

Ausreichend Salatblätter für zwei Personen zusammen mit den Zwiebelringen in eine große Schüssel geben und mit der Hälfte des Dressings beträufeln. Vorsichtig unterheben.

Den Salat gleichmäßig auf zwei große Teller verteilen. Die warmen Blutpudding-Scheiben neben den Salatblättern anrichten und alles mit den Croûtons bestreuen. Jeden Teller zusätzlich mit Dressing beträufeln und servieren.

Gegrillte Salatherzen mit Gurke, weißen Bohnen und Tahini

Ich liebe gegarten Salat. Vorzugsweise blanchiere ich ihn in Hühnerbrühe mit schwarzem Pfeffer, Petersilie und Liebstöckel. Manchmal brate ich auch Salatspalten in Butter und Öl, mit in Salz eingelegten Sardellenfilets und viel Knoblauch, bis der Salat karamellisiert, und bestreue ihn dann großzügig mit geriebenem Parmesan. Auch Suppen koche ich mit Salat. Aber nicht nur das. Salatherzen sind ideal zum Grillen. Dazu muss man die Glut richtig heiß werden lassen, damit die Schnittflächen des Salats Farbe bekommen. Zum warmen Salat ergibt hier der frische, kühle Biss der Gurke einen herrlichen Kontrast. Das Bindeglied der köstlichen Komposition bildet eine Art Dressing aus weißen Bohnen, Joghurt und Tahini.

FÜR 8 PERSONEN ALS VORSPEISE ODER FÜR 4 PERSONEN ALS HAUPTGERICHT

- 3 EL Olivenöl extra vergine
- 2 Knoblauchzehen, geschält und gerieben
- 400 g weiße Bohnen aus der Dose (z. B. Cannellini- oder Butterbohnen)
- Saft und abgeriebene Schale von 1 unbehandelten Zitrone
- 2 EL Tahini (Sesampaste)
- 4 EL Naturjoghurt
- 2 EL gehackte glatte Petersilie
- 4 kleine Salatherzen, halbiert, gewaschen und trocken getupft
- 1 mittelgroße Salatgurke oder 2 kleine, feste Gurken, längs halbiert und dann in 1,5 cm dicke Halbscheiben geschnitten
- 1 kleines Bund Schnittlauch, fein gehackt und ein paar Halme ganz belassen
- Salz und schwarzer Pfeffer

AUSSERDEM

- einen Holzkohlegrill und Holzkohle

In einer Pfanne 1 Esslöffel Öl bei mittlerer bis starker Hitze erwärmen. Den Knoblauch zugeben und 25 bis 30 Sekunden dünsten, bis er weich zu werden beginnt. Bohnen und abgeriebene Zitronenschale hinzufügen. Alles gut unterrühren und etwa 2 Minuten mitköcheln lassen, bis die Bohnen erwärmt sind. Zitronensaft, Tahini, Joghurt und Petersilie mit 2 bis 3 Esslöffel Wasser unterrühren. Nochmals 1 bis 2 Minuten köcheln lassen, bis das Ganze eingedickt ist. Falls es zu dick wird, etwas Wasser angießen. Den Topf vom Herd nehmen.

Den Holzkohlegrill anheizen. Die Salathälften salzen, pfeffern und mit 1 Esslöffel Öl beträufeln. Wenn die Grillkohle weiß glüht, den Salat mit den Schnittflächen nach unten auf den Grillrost legen und von jeder Seite 5 bis 10 Minuten grillen (wie lange genau, hängt von der Hitze der Glut ab). Der Salat sollte weich werden, etwas Farbe annehmen und karamellisieren; dunkel gebräunt schmeckt er sogar noch besser. (Alternativ den Salat in einer vorgeheizten Grillpfanne braten.) Anschließend die Salathälften mit der Schnittfläche nach oben auf einer Servierplatte anrichten.

Das Bohnen-Tahini-Dressing auf den Herd zurückstellen, gut erwärmen und ein letztes Mal umrühren. Über dem Salat verteilen, und zwar so, dass das Dressing zwischen die Schichten der Salatblätter sickert. Mit den halben Gurkenscheiben, dem gehackten Schnittlauch und den Schnittlauchröhren garnieren. Zum Schluss mit dem restlichen Öl beträufeln, salzen und pfeffern und sofort servieren.

Blattsalat mit Kräutern und Blüten

Als ich noch jünger war, arbeitete ich in einem Restaurant, das auch »gemischten Salat« anbot. Der Küchenchef erklärte mir, wie man ihn zubereitet: »Leg zuerst unten in die Schüssel eine Handvoll gehackten Eisbergsalat! Nimm ein paar Gurkenscheiben aus dieser Wasserwanne da und leg sie obendrauf! Noch ein paar Paprikastreifen aus der Wanne da, und streu sie über die Gurken. Das ist alles. Okay?« Dieses Erlebnis lehrte mich viel über die Zubereitung von Salat. Jetzt, da ich das Glück habe, meine eigenen Salate in den gepflegten Biogärten des *River Cottage* ernten und zubereiten zu können, habe ich eigene Vorstellungen, wie man Salat zusammenstellt.

Das Motto ist Vielfalt: Es gibt Salatsorten mit festem, geschlossenem Kopf, bei anderen ist er locker und geöffnet. Die meisten Salatsorten sind saftig, mild und rein im Aroma, aber es gibt einige, die so bitter schmecken, dass es einen schüttelt. Dennoch sind sie alle genießbar.

Bei gemischten Salaten gibt es kein »Richtig« oder »Falsch«. Es zählt, was der Garten zu bieten hat. Für einen guten Salat braucht man eine Vielzahl frischer Blätter, die ein Gleichgewicht an Konsistenzen bieten, Lieblingsduftkräuter – und, falls vorhanden, einen Hauch essbarer Blüten.

In den Gärten des *River Cottage* wachsen die Salatköpfe direkt neben der angenehm scharfen Ölrauke und dem dicken, gesprenkelten Senfkohl. Sie verleihen dem Salat eine Fülle an Geschmacksnuancen. Hier kann ich ganze Hände voll Kräuter ernten. In der Blütezeit bilden sie ein Konzentrat an Geschmack und Duft in Knospen und Blüten. Besonders liebe ich blühenden Fenchel und Schnittlauch, und auch die Blüten von Koriander und Kerbel.

Speziell für unsere Salate pflanzen wir Blumen an. Sie liefern Farbe, Kontrast und Geschmack, die Ringelblume Sonnenaufgangsgelb und Sonnenuntergangsorange, die Kapuzinerkresse feuriges Orangerot, der Borretsch Wolkenweiß und zartes Violettblau.

Nicht zu vergessen sind im Salat junge Grünkohl- und Mangoldblätter, insbesondere die vom Rotstieligen Schnittmangold, zarte Sauerampferblätter, junge Blätter des Salzkrauts (Agretti), die angenehm scharfen Blätter der Kapuzinerkresse, Karottengrün oder zarte Minzeblätter. Sparsam eingesetzt, sind die kleinen, jungen Blätter von Bärlauch wie auch seine Blüten nicht zu verachten. Und da wir mit dem Bärlauch schon beim Thema »wild« sind: Wer hat schon einmal die Sprossen oder Blüten des wild wachsenden Weißdorns probiert, die Blätter der Meer-Rübe, Vogelmiere, Löwenzahnblätter oder junge Schafgarbenblätter?

Wenn Sie Kräuter und Salate nicht selbst anpflanzen können, dann kaufen Sie sie auf Gemüsemärkten, in Hofläden, von Schrebergärtnern oder kommerziellen Kleingärtnern. Salate und Kräuter wäscht man bald nach dem Ernten in einer großen Schüssel mit eiskaltem Wasser. Am besten legen Sie sich eine Salatschleuder zu und schleudern damit Ihre Salate und Kräuter trocken und bewahren sie dann in einer großen Schüssel oder auf einem tiefen, mit einem feuchten Tuch bedeckten Tablett im Kühlschrank auf. Blüten werden nicht gewaschen, denn das Wasser schädigt die Blütenblätter. Streuen Sie sie vor dem Servieren einfach über den Salat.

Stachelbeeren mit geräuchertem Dorschrogen und Kapuzinerkresseblättern

Schon immer mochte ich Stachelbeerkompott mit geräucherter Makrele sehr gern, denn die Säure der Stachelbeeren gleicht den intensiven, rauchigen Geschmack des Fettfischs aus. Bei diesem Gericht kommt das gleiche Prinzip zur Anwendung. Fragen Sie Ihren Fischhändler auf dem Markt oder an der Supermarkt-Fischtheke nach geräuchertem Rogen – am besten frisch und nicht tiefgefroren. Die Stachelbeeren sollten schön reif und süß sein. Dazu finde ich den scharfen Geschmack der Kapuzinerkresseblätter besonders angenehm, der mich an Meerrettich erinnert. Ersatzweise kann man auch Rucola oder Senfkohlblätter verwenden.

FÜR 2 PERSONEN

100–150 g frischer geräucherter Dorschrogen

1 Handvoll Blätter der Kapuzinerkresse

2 Handvoll reife Stachelbeeren, gewaschen und entstielt

2 EL Olivenöl extra vergine

Saft von ½ kleinen Zitrone

Salz und frisch gemahlener schwarzer Pfeffer

Den Dorschrogen auf ein Brett legen und mit einem scharfen Messer in 2 bis 3 Millimeter dicke Scheiben schneiden. Gleichmäßig auf zwei Teller verteilen und je eine Handvoll Kapuzinerkresse darüberstreuen.

Die größeren Stachelbeeren halbieren oder vorzugsweise ganz lassen. Ebenfalls gleichmäßig um den Rogen herum auf den Tellern verteilen. Alles mit Olivenöl und Zitronensaft beträufeln und kräftig salzen und pfeffern. Sofort mit Roggenkräcker (Seite 150) als Beilage servieren.

Stachelbeer-Sorbet mit Estragon

Ein höchst erfrischendes Sorbet: säuerlich, ja fast schon sauer und trotzdem süß wie Honig. Im Gaumen spielt sich ein kleiner Kampf der Geschmacksnoten ab. Dann, wie aus dem Nichts, bleibt nur noch das Anisaroma. Das ist der »Estragoneffekt«. Estragon ist ein ideales Gewürz für Desserts – besonders für Sorbet und Eis. Die richtige Süße verleihen diesem Sorbet die schon etwas reiferen Beeren. Geben Sie den Zucker daher langsam zu und schmecken Sie ab, bevor die Mischung in die Eismaschine kommt. Bei Bedarf reduzieren Sie die Zuckermenge um ein paar Gramm. Aber bedenken Sie: Das Einfrieren schwächt die Süße noch etwas ab.

FÜR 6 BIS 8 PERSONEN

500 g reife Stachelbeeren

150 g brauner Zucker

4–5 Zweige Estragon

FÜR DAS TOPPING

2 Handvoll reife Stachelbeeren

1 Schuss Zitronensaft

1 EL brauner Zucker

einige zarte Zweige Estragon zum Servieren (nach Belieben)

AUSSERDEM

eine Eismaschine

Alle Zutaten für das Sorbet mit 150 Milliliter Wasser in einem großen, schweren Topf mittelstark erhitzen. Das Ganze aufkochen und bei geschlossenem Deckel 8 bis 10 Minuten sanft köcheln lassen, bis die Stachelbeeren weich sind. Den Topf vom Herd nehmen. Den Inhalt durch ein Sieb in eine saubere Schüssel passieren und abkühlen lassen. Anschließend im Kühlschrank 1 bis 2 Stunden vollständig auskühlen lassen. Die Mischung in der Eismaschine zu einer weichen Masse rühren. In eine Schüssel oder einen Behälter umfüllen und abgedeckt im Gefrierfach mindestens 3 bis 4 Stunden fest werden lassen.

Für das Stachelbeeren-Topping alle größeren Stachelbeeren halbieren, die kleineren ganz lassen. In einer Schüssel mit dem Zitronensaft beträufeln und den Zucker darüberstreuen. Gründlich vermengen, damit die Beeren gleichmäßig von der Zitronensaft-Zucker-Mischung überzogen sind.

Vor dem Servieren das Sorbet aus dem Gefrierfach nehmen und bei Zimmertemperatur 10 bis 15 Minuten leicht antauen lassen. Sorbetkugeln in je ein Glas oder auf einen Teller geben, Stachelbeeren-Topping darüber verteilen und, nach Belieben, mit einem Estragonzweig garnieren. Sofort servieren.

Zitronen-Stachelbeer-Torte mit frittierten Holunderblüten

Zitrone, Stachelbeeren, Holunderblüten – das klingt nach Sommer und Genuss. Ich kann den Blütenstaub des Holunders förmlich riechen, die Stachelbeersträucher im Garten fühlen und das herrlich fruchtige Zitrusölaroma ihrer Beeren auf der Zunge schmecken. Ich habe in all den Jahren schon viele Zitronentorten gebacken. Keine Zitronentorte war so gut wie diese.

FÜR 8 PERSONEN

etwas Mehl zum Bestäuben der Form

1 Mürbeteig-Grundteig (Seite 196), dünn ausgerollt

FÜR DIE CREMEFÜLLUNG

100 g reife Stachelbeeren, gewaschen, entstielt und halbiert

100 g flüssiger Honig

fein abgeriebene Schale von 1 großen, unbehandelten Zitrone, plus den Saft (ca. 100 ml)

8 große Eigelb

50 g Muscovado-Zucker

225 g Butter, gewürfelt und gekühlt, plus etwas Butter zum Einfetten

ZUM FRITTIEREN

20 g Speisestärke

30 g Mehl

Sonnenblumenöl zum Frittieren

8 kleine Holunderblütendolden

2–3 TL brauner Zucker zum Bestreuen der Blütendolden

Puderzucker zum Bestäuben der Torte (nach Belieben)

AUSSERDEM

eine Springform (ø 18 cm)

Hülsenfrüchte zum Blindbacken

Den Backofen auf 180 °C vorheizen. Die Springform einfetten und mit Mehl bestäuben. Die Form mit dem ausgerollten Mürbeteig auskleiden und anschließend etwa 20 Minuten in den Kühlschrank stellen. Herausnehmen und den Teig mit Backpapier und Hülsenfrüchten zum Blindbacken belegen. Anschließend 20 Minuten im Ofen backen. Hülsenfrüchte und Backpapier entfernen und den Boden nochmals 10 bis 15 Minuten backen, bis er goldbraun ist. Aus dem Ofen nehmen. Den Teigrand begradigen.

Für die Cremefüllung die Stachelbeeren in einem Topf mit 2 bis 3 Esslöffel Wasser mittelstark erhitzen und unter Rühren etwa 7 Minuten sanft köcheln lassen, bis sie weich sind. Vom Herd nehmen. Die Beeren durch ein Sieb in eine hitzebeständige Schüssel passieren. Honig, Zitronensaft und -schale, Eigelbe und Zucker zugeben. Mit einem Schneebesen aufschlagen.

Die Creme im Wasserbad rühren, bis sie eindickt. Dann die Butter montieren: Dazu je ein paar Butterwürfel auf einmal in die Creme rühren, bis sie geschmolzen sind. Ist die Butter eingearbeitet, die Creme 2 bis 3 Minuten unter ständigem Rühren kochen, und die Schüssel vom Topf nehmen. Den Herd ausschalten. Creme durch ein Sieb in eine Schüssel passieren und die Torte damit bestreichen. Im Kühlschrank 6 bis 8 Stunden fest werden lassen.

Zum Frittieren der Blütendolden Stärke und Mehl mit 3 Esslöffel Wasser glatt rühren. Einen mittelgroßen Topf etwa 5 Zentimeter hoch mit Öl füllen und stark erhitzen. Ein paar Teigtropfen in das Öl fallen lassen. Wenn sie zischen, ist das Öl heiß genug. Je eine Dolde in den Teig tauchen und überschüssigen Teig abschütteln. Die Dolde 1 Minute im heißen Fett frittieren, bis sie knusprig ist. Anschließend mit braunen Zucker bestreuen. Torte nach Belieben mit Puderzucker bestäuben und mit den Blütendolden belegen.

2013
2013
C.V.

Obstgarten

Obstgarten | Apfel, Auflauf, Pflaume. Ein Dessert mit Sauce, alles urwüchsig und prall – reif wie ein Kuss. Nebelschwaden am frühen Morgen, Obstkörbe und schüttelnde Hände an den Ästen. Langsames und liebevolles Zubereiten von süßen Köstlichkeiten. Töpfe mit Leckerem aus Fleisch, das es zum Abendessen gibt. Ein Herbststurm, ein heißer Glühwein *(wassail)*, die alte Obstpresse, gemütliches Käseessen im Apfelweinschuppen. Äpfel klauen – zwei Jungs springen ertappt vom Baum herunter. Süße Kuchen, lästige Wespen, saftige Äpfel (Bramley und Laxton). Eine Schafherde weidet, hohe Grasböschungen im Wind und das kleine hölzerne Tor, das sich zum Obstgarten hin öffnet.

Äpfel

Birnen

Quitten

Zwetschgen

Schwarze Johannisbeeren

Apfel-Roggen-Cidre-Kuchen

Das Roggenmehl verleiht diesem besonderen Apfelkuchen eine volle nussige Note. Ich gebe noch ein gutes Glas Cidre und eine Handvoll Thymianblätter in den Teig: Beide harmonieren wunderbar mit dem Getreidegeschmack.

FÜR 8 BIS 10 PERSONEN

400 g Kochäpfel, geschält, ohne Kerngehäuse und in feine Würfel geschnitten

Saft und fein abgeriebene Schale von 1 unbehandelten Zitrone

150 g weiche Butter, gewürfelt, plus etwas mehr zum Einfetten

200 g heller Rohrzucker

3 Eier, verquirlt

100 ml Cidre

150 g Weizenmehl

100 g Roggenmehl

2 TL Backpulver

1 Prise Salz

3 Zweige Thymian, die Blätter abgezupft

2 kleine Tafeläpfel (z. B. Russet oder Cox)

2 EL Rohrohrzucker

AUSSERDEM

eine Springform (ø 24 cm)

Den Backofen auf 160 °C vorheizen.

Die Kochäpfel mit Zitronensaft und -schale vermengen und beiseitestellen. Die Springform einfetten und den Boden sowie die Seiten der Form mit Backpapier abdecken. Die Butter und den Rohrzucker mit einem Schneebesen oder einem Handrührgerät zu einer hellen, luftigen Creme aufschlagen. Die verquirlte Eimasse nach und nach einarbeiten. Anschließend den Cidre langsam unter ständigem Rühren angießen.

Die beiden Mehlsorten in eine separate Schüssel sieben und mit dem Backpulver und einer Prise Salz vermischen. Vorsichtig unter die Butter-Ei-Creme ziehen. Zum Schluss die marinierten Apfelwürfel und die Thymianblätter sorgfältig unterrühren.

Den Teig in die Springform füllen. Die Tafeläpfel schälen, vierteln, das Kerngehäuse entfernen und das Fruchtfleisch in dünne Spalten schneiden. Die Apfelspalten entlang des Kuchenrands in einer Lage anordnen. Abschließend mit dem Rohrohrzucker bestreuen.

Den Kuchen auf der mittleren Schiene im Ofen 50 bis 60 Minuten backen, bis an einem in die Kuchenmitte hineingestochenen Holzstäbchen kein Teig mehr haftet. Den Kuchen herausnehmen und auf einem Kuchengitter abkühlen lassen. Der abgekühlte Kuchen hält luftdicht verschlossen drei bis vier Tage.

Gebratene Äpfel mit Salbei, Schweinebacke und Knollenselleriepüree

Ein Lieblingsgericht von mir: rustikal und bescheiden – einfach köstlich! Ich verarbeite dabei immer die ganze Schweinebacke, nicht nur das dunkle, mittlere Fleischstück. Die ganze Backe bietet mehr... viel mehr als ein herzhafter Imbiss. Das Fleisch sollte allerdings zwei Tage, bevor Sie das Gericht servieren wollen, in Salzlake eingelegt werden.

FÜR 2 PERSONEN

300 g feines Meersalz

1 ganze Schweinebacke vom Schwein aus Freilandhaltung

1 Zwiebel, geviertelt

2 Karotten, geputzt und grob gehackt

2 Stangen Staudensellerie, geputzt und grob gehackt

2 Lorbeerblätter

½ kleine Sellerieknolle, geschält und gewürfelt

1 Stück Butter (ca. 50 g)

2 Tafeläpfel (z. B. Russet oder Cox), ohne Kerngehäuse und in Spalten geschnitten

1 Bund zarte Salbeiblätter

1 Zweig Thymian

Salz und frisch gemahlener schwarzer Pfeffer

AUSSERDEM

eine Küchenmaschine

Für die Lake das Salz unter Rühren in einer Schüssel mit 1 Liter Wasser auflösen. Die Schweinebacke hineingeben (sie sollte von Lake bedeckt sein) und 48 Stunden im Kühlschrank marinieren.

Das Fleisch aus der Lake nehmen, unter fließendem Wasser abspülen und mit Zwiebel, Karotten, Staudensellerie und Lorbeer in einen großen, schweren Topf geben. Mit Wasser bedecken und bei starker Hitze aufkochen. Die Hitzezufuhr reduzieren und ohne Deckel etwa 3 Stunden sanft köcheln lassen, bis das Fleisch und die Haut weich sind. Die Backe herausnehmen, abkühlen lassen und in den Kühlschrank stellen. Den Kochsud durch ein Sieb in eine Schüssel gießen und abgedeckt abkühlen lassen. Danach für etwa 1 Stunde in den Kühlschrank stellen. Anschließend den Großteil des erstarrten Fettes mit einer Schöpfkelle vom Sud abheben.

Den Sellerie in einen Topf mit schwerem Boden geben und den abgekühlten Kochsud angießen, bis der Sellerie knapp bedeckt ist. Bei starker Hitze aufkochen, dann die Hitzezufuhr reduzieren und 20 bis 30 Minuten sanft köcheln, bis die Selleriewürfel weich sind. Mit einem Schaumlöffel in die Küchenmaschine geben. Etwas Sud und die Butter hinzufügen und alles glatt pürieren. Nach Belieben salzen und pfeffern.

Eine große Pfanne erhitzen. Die Schweinebacke in zwei dicke oder vier dünne Scheiben schneiden und darin von jeder Seite 3 bis 4 Minuten goldbraun braten. Zur Seite schieben. Die Äpfel mit etwas Salz und Pfeffer, den Salbeiblättern und dem Thymianzweig zugeben und unter Wenden in dem aromatischen Schweinefett 1 bis 2 Minuten braten, bis sie leicht karamellisieren. Das Selleriepüree auf zwei Schalen verteilen, mit Apfelspalten, Salbei und den Fleischscheiben belegen und sofort servieren.

GELINGT AUCH MIT | Schweinebauch

Apfel-Reineclauden-Salat mit Estragon und Kürbiskernen

Wissen Sie, was passiert, wenn man Äpfel in viel Zitronensaft einlegt? Zum Vorschein kommt ein herrliches Aroma, das ich nie so richtig einordnen kann. Es liegt irgendwo zwischen Rosen und Süßdolde, meine ich. Zu den Äpfeln mit Zitrone gesellen sich Reineclauden, kleine, saftig-süße Pflaumen, die mit der Konsistenz des Apfels harmonieren. Ich habe diesem Rezept noch Estragon und geröstete Kürbiskerne hinzugefügt – ein Duo, das zu Äpfeln hervorragend passt.

FÜR 2 PERSONEN

2 Tafeläpfel (z. B. Russet oder Cox)

Saft von ½ Zitrone

8 reife Reineclauden oder andere reife Pflaumen

1 großer Zweig Estragon, die Blätter abgezupft

2 EL Kürbiskerne, in der Pfanne trocken geröstet

2 TL flüssiger Honig

2 EL Olivenöl extra vergine

1 kleine Prise Salz

Die Äpfel mit einem scharfen Schälmesser oder einer Mandoline quer in 1 bis 2 Millimeter dicke Scheiben schneiden bzw. hobeln. Auf Wunsch die Scheiben entkernen. (Das Kerngehäuse muss eigentlich nicht entfernt werden – es ist komplett essbar.)

Die Apfelscheiben gleichmäßig auf zwei große Teller verteilen und mit der Hälfte des Zitronensafts beträufeln.

Die Reineclauden oder Pflaumen in 1 bis 3 Millimeter dicke Scheiben schneiden, dabei jeweils den Stein entfernen. Die Äpfel mit den Reineclauden- oder Pflaumenscheiben belegen. Darüber die Estragonblätter und die gerösteten Kürbiskerne streuen.

Alles mit dem Honig und dem Öl beträufeln. Etwas vom restlichen Zitronensaft über jeden Teller gießen und den Salat mit Salz würzen.

Gebratene Birnen mit roten Röstzwiebeln und knusprigen Puy-Linsen

Manchmal braucht man für ein schönes Abendessen nicht mehr als drei Zutaten, die aufeinander gut abgestimmt sind. So auch für diesen bunten Frühherbstsalat. Birnen, Zwiebeln und Linsen sind die Hauptzutaten. Die Birnen müssen reif und aromatisch sein, aber nicht überreif, da die Früchte ja in der Pfanne gebraten werden und noch etwas Biss behalten sollen. Die knusprigen Puy-Linsen schmecken unverschämt gut und sorgen hier für eine angenehme Konsistenz. Meine Leidenschaft für Linsen habe ich erst im *River Cottage* entdeckt. Ich schätze sie mehr und mehr.

FÜR 4 BIS 6 PERSONEN

100 g Puy-Linsen, gewaschen

2 rote Zwiebeln, jeweils in 8 Spalten geschnitten

4 EL Olivenöl extra vergine

2 reife Birnen

1 Stück Butter (ca. 50 g)

Saft von ½ Zitrone

Salz und frisch gemahlener schwarzer Pfeffer

Den Backofen auf 180 °C vorheizen.

Die Linsen in einen Topf geben, mit Wasser bedecken und bei starker Hitze zum Kochen bringen. Die Hitzezufuhr reduzieren und die Linsen 18 bis 25 Minuten köcheln lassen, bis sie weich sind, aber noch Biss haben. Durch ein Sieb abgießen und darin ausdampfen lassen.

Währenddessen die Zwiebeln mit 2 Esslöffel Öl in einen Bräter geben und darin wenden, um sie gleichmäßig mit Öl zu überziehen. Kräftig salzen und pfeffern. Den Bräter in den Ofen schieben und die Spalten 25 bis 30 Minuten braten, bis sie weich sind und Farbe angenommen haben. Aus dem Ofen nehmen und warm halten.

Die Birnen jeweils vierteln, die Kerngehäuse entfernen und jedes Viertel nochmals halbieren, sodass insgesamt 16 Birnenspalten entstehen. Die Butter mit 1 Esslöffel Öl in einer großen Pfanne mittelstark erhitzen. Die Birnenspalten in die heiß schäumende Butter-Öl-Mischung legen und von jeder Seite 3 bis 5 Minuten sanft braten, bis sie ein wenig Farbe angenommen haben.
Die Spalten aus der Pfanne nehmen und warm halten.

Die gekochten Linsen mit dem restlichen Öl in die Pfanne geben. Etwas salzen und pfeffern und unter regelmäßigem Rühren 15 bis 20 Minuten braten, bis die Linsen knusprig gebacken sind.

Die warmen, gebratenen Zwiebeln und die Birnen auf einem großen Servierteller anrichten. Die knusprigen Linsen darüberstreuen, mit Zitronensaft beträufeln und sofort servieren.

Birnen mit knusprigem Grünkohl und Lardo

Diese ungewöhnliche Kombination aus Birne, Grünkohl und Speck funktioniert deshalb so gut, weil die verwendeten Zutaten so unterschiedlich sind. Achten Sie darauf, dass die Birnen den höchsten Reifegrad besitzen und zum Bersten prall sind. Der Kohl dagegen sollte trocken sein, und der Lardo – sowohl salzig und süß als auch buttrig – gut gekühlt. Zusammen bilden die drei Komponenten einen äußerst ausgewogenen, schmackhaften Salat. Sollte Ihnen Lardo zu fett sein, dann verwenden Sie stattdessen würzig geräucherte Pancetta.

FÜR 2 PERSONEN

100 g Grünkohlblätter, die Blattrippen aus der Mitte herausgeschnitten

2 EL Olivenöl extra vergine

2 reife Birnen

8–12 sehr dünne Scheiben Lardo oder geräucherte Pancetta

2 TL flüssiger Honig

Saft von ½ Zitrone

3–4 Zweige Thymian, die Blätter abgezupft und leicht zerdrückt

Salz und frisch gemahlener schwarzer Pfeffer

Den Backofen auf 120 °C vorheizen.

Die Grünkohlblätter waschen und in der Salatschleuder so trocken wie möglich schleudern. Kohlblätter in große Stücke zerpflücken und mit 1 Esslöffel Olivenöl und einer kräftigen Prise Salz in eine große Schüssel geben.

Den Grünkohl mit den Händen sorgfältig vermengen, damit alle Teile gleichmäßig von Öl überzogen werden. Ein Backblech mit Backpapier belegen und die zerpflückten Kohlblätter in einer gleichmäßigen Schicht darauf verteilen. Im Ofen etwa 30 Minuten backen, dabei ein- bis zweimal wenden, bis sie knusprig sind. Herausnehmen und abkühlen lassen.

Den Grünkohl, gleichmäßig verteilt, auf zwei tiefen Tellern anrichten. Die Birnen jeweils vierteln, die Kerngehäuse entfernen und die Spalten zu gleichen Teilen zwischen die Kohlstücke auf beiden Tellern legen.

Auf jeden Teller 4 bis 6 Scheiben Lardo oder Pancetta um den Kohl und die Birnen herumlegen. Mit Honig, dem restlichen Öl und etwas Zitronensaft beträufeln und mit den Thymianblättern bestreuen. Leicht mit Salz und Pfeffer würzen und sofort servieren.

Gekochte Birnen mit Holunderbeeren und Wacholder

In meinem Garten stehen viele Holunderbeersträucher. Sie sehen malerisch aus, besonders wenn die Zweige schwer an den zarten, dunklen Beeren tragen. Ich frage mich immer wieder, auf welche Weise sich Holunderbeeren noch zubereiten lassen. In diesem Rezept pochiere ich einige Birnen so, wie ich es liebe – sanft, mit vielen Aromastoffen –, und gebe in den Topf so viel Holunderbeeren, wie gerade hineinpassen. Während die Birnen kochen, platzen die Beeren auf und verfärben die weichen Birnen leuchtend rotlila. Die Holunderbeeren behalten ihre Farbe, intensiver als Blut und kräftiger als die von Brombeeren. Der Pochiersud bei diesem Rezept übertrifft geschmacklich stets meine Erwartungen: Wacholder und Lorbeer berauschend stark, und der Holunder wie Tannine, Honig und voller Körper. Der Sud ergibt einen gehaltvollen Saft, der zu den Birnen serviert wird. Sie können ihn auch durchseihen, in Flaschen abfüllen und als Sirup verwenden – oder stärker süßen und daraus ein traumhaftes Sorbet zubereiten.

FÜR 4 PERSONEN

4 große, mittelreife Birnen

1 große Schale reife Holunderbeerdolden (ca. 500 g), plus 4 schöne Dolden zum Servieren

200 g brauner Zucker

12 Wacholderbeeren, angedrückt

4 Lorbeerblätter

fein abgeriebene Schale von 1 unbehandelten Zitrone

Die Birnen so sorgfältig wie möglich schälen (sie sollen ihre Form behalten) und mit den Holunderbeerdolden, Zucker, Wacholderbeeren, Lorbeerblättern, der Zitronenschale sowie 500 Milliliter Wasser in einen mittelgroßen Topf geben. Bei mittlerer Hitze aufkochen und alles etwa 25 Minuten sanft köcheln lassen. Den Holunder mit einem Kochlöffel gegen die Topfwand drücken (die Beeren sollen aufplatzen und Farbe und Aroma freisetzen), während die Flüssigkeit verdampft und die Birnen weich werden. Den Topf vom Herd nehmen, die Birnen mit einem Schaumlöffel herausheben und zum Abkühlen auf einem Teller beiseitestellen. Den Kochsud zurückbehalten.

Kurz vor dem Servieren eine große Pfanne mittelstark erhitzen und 3 bis 4 Esslöffel von dem Birnensud darin kurz aufkochen. Die vier übrigen Holunderdolden mit den Beeren nach unten in die Pfanne geben und 1 bis 2 Minuten mitkochen, bis die Beeren zu platzen beginnen und der Sud leicht eingedickt ist. Die Pfanne vom Herd nehmen.

Die Birnen halbieren und jeweils zwei Birnenhälften mit einer Dolde aufgeplatzter Holunderbeeren daneben auf einem Teller anrichten. Den Sirup darüber verteilen und sofort servieren.

Tarte Tatin mit Quitten

Ich habe schon viele Tartes Tatin gebacken, aber jedes Mal ist es wieder spannend. Ich fiebere dem »Augenblick der Wahrheit« entgegen, wenn die Tarte vor dem Servieren auf einen Teller gestürzt wird. Eigentlich sind süße Dessertäpfel für eine Tarte klassisch. Hier habe ich Quitten verwendet. Sie harmonieren bestens mit Thymian und Sternanis. Es gibt auch wunderbare Tarte-Varianten mit Birnen, ebenso pikante Tartes. Pastinaken-Tarte ist köstlich mit einer Beilage aus knusprigen Zwiebelringen, scharfem Senf und Crème fraîche, Rote-Bete-Tarte schmeckt süß und erdig. Dazu passen warmer Ziegenkäse und geröstete Walnusskerne.

FÜR 4 PERSONEN

4 mittelgroße Quitten, geschält, geviertelt und entkernt

2 Stück Butter (à 50 g)

75 g heller Rohrzucker

2 Stück Sternanis

4–6 Zweige Thymian

200 g TK-Butter-Blätterteig

AUSSERDEM

eine Tarte-Tatin-Form, ersatzweise eine schwere, gusseiserne Pfanne oder eine Edelstahlpfanne mit Edelstahlgriff

Jedes Quittenviertel in 3 bis 4 Spalten schneiden (sie sollten am äußeren Rand je 1 Zentimeter dick sein). Die Tarte-Tatin-Form erhitzen und darin die Butter langsam zerlassen. Den Zucker und 1 Esslöffel Wasser zugeben. Wenn das Wasser aufwallt, die Quittenspalten hinzufügen und 15 bis 20 Minuten dünsten. Die Spalten vorsichtig wenden, damit sie nicht zerfallen. Darauf achten, dass die Spalten gleichmäßig garen, bis sie fast weich sind.

Währenddessen den Backofen auf 180 °C vorheizen.

Wenn die Quitten durchgegart sind, die Form vom Herd nehmen, die Spalten herausnehmen und auf einem Teller leicht abkühlen lassen. Den Karamell in der Pfanne zurückbehalten. Sternanis und Thymian zugeben (die Pfanne dabei nicht auf den Herd stellen!). Die lauwarmen Quittenspalten in zwei exakt konzentrischen Kreisen von innen nach außen in der Form anordnen. Die Spalten in der Form leicht an den Boden drücken.

Den Blätterteig etwa 3 Millimeter dick ausrollen und eine Scheibe ausschneiden, die vom Durchmesser her genau in die Form passt. Teig auf die Quittenspalten legen und die Teigkante entlang der Innenwand der Form vorsichtig andrücken. Die Tarte im Ofen 30 bis 35 Minuten backen, bis der Teig aufgegangen und goldbraun ist. Aus dem Ofen nehmen und 10 bis 15 Minuten in der Pfanne ruhen lassen. Anschließend einen Teller über die Form legen und mit einer schnellen Drehbewegung die Tarte auf den Teller stürzen. Die Form vorsichtig abheben und die Tarte Tatin sofort mit Sahne, Vanilleeis oder Pudding als Beilage servieren.

Gebratener Fasan mit Quitte und Lorbeer

Dieses rustikale Gericht mit Fasan schmeckt nach Herbst. Ich finde die Vorstellung schön, dass sich auf dem Teller alle Farben und die Patina einer Hecke wiederfinden, deren Grüntöne sich ganz allmählich in zartes, gesprenkeltes Gelb und in helle, erdige Brauntöne verwandeln. Die Quitten kann man schon im Voraus zubereiten. Sie halten sich problemlos im Kühlschrank, in Sirup eingelegt. Wenn Sie keinen Fasan bekommen, bereiten Sie Perlhuhn zu oder servieren die Quitten einfach mit einem Käse und kaltem Schinken – oder süß mit Vanilleeis.

FÜR 2 PERSONEN

fein abgeriebene Schale von ½ unbehandelten Zitrone

8 schwarze Pfefferkörner

2 Lorbeerblätter

1 TL Fenchelsamen (nach Belieben)

2 Zweige Thymian

75 g Zucker

2 EL flüssiger Honig

2 Quitten, geschält, geviertelt und entkernt

1 EL Olivenöl extra vergine

75 g ungeräucherter Speck, in Streifen geschnitten

2 Fasanenbrüste (à 150 g)

1 Stück Butter (ca. 50 g)

Salz und frisch gemahlener schwarzer Pfeffer

Für den aromatischen Sirup Zitronenschale, Pfefferkörner, Lorbeerblätter, Fenchelsamen (falls verwendet), Thymianzweige, Zucker und Honig mit 300 Milliliter Wasser in einen Topf geben. Bei mittlerer Hitze aufkochen und sanft köcheln lassen.

Jedes Quittenviertel in 2 bis 3 gleich große Spalten schneiden. In den köchelnden Sirup legen und sanft 25 bis 45 Minuten darin garen, bis sie weich sind. (Die Kochzeit kann von Quitte zu Quitte variieren.) Wenn die Quitten gar sind, den Topf vom Herd nehmen und die Spalten vorsichtig mit einem Schaumlöffel herausnehmen und beiseitestellen. Den Sirup ebenfalls beiseitestellen.

Das Olivenöl in einer großen Pfanne auf dem Herd mittelstark erhitzen. Die Speckstreifen darin unter regelmäßigem Wenden 4 bis 6 Minuten braten, bis sie etwas Farbe angenommen haben. Die Fasanenbrüste salzen und pfeffern und dann zusammen mit den gekochten Quitten in die Pfanne geben. Das Fleisch von jeder Seite 2 bis 3 Minuten braten, bis es goldbraun ist und die Quitten leicht karamellisiert sind. Die Pfanne vom Herd nehmen. Das Fleisch herausnehmen und zum Ruhen beiseitestellen.

Speck und Quitten auf zwei vorgewärmten Tellern anrichten. Die Pfanne stark erhitzen und 100 Milliliter des aromatischen Sirups (Rest aufbewahren und als Fruchtsirup verwenden) auf die Hälfte einkochen. Pfanne vom Herd nehmen. Die Butter unterrühren und abschmecken. Jedes Bruststück in dicke Scheiben aufschneiden und auf die beiden Teller verteilt neben den Quitten anrichten. Mit dem Sirup beträufeln und sofort servieren.

PARK. LO

Quittenkäse

Quittenkäse – einer meiner Favoriten – ist eigentlich kein Käse, sondern eine süße Fruchtpaste, die aus aromatischen Quitten zubereitet wird. Seine wunderbare Konsistenz und sein Aroma bewahrt der Quittenkäse für Monate, seine appetitliche tiefrote Farbe resultiert aus dem sanften, langsamen Garprozesses. Quittenkäse bildet eine köstliche Beilage zu richtigem Käse, vor allem zu spanischem Manchego, reifem Blauschimmelkäse oder einem weichen Ziegen- oder Schafskäse. Quittenkäse lässt sich auch mit gebratenem Fleisch wie Fasan, Huhn oder mit Schinken kombinieren. Nicht zu vergessen: Ein Löffel davon verleiht jeder Sauce fruchtige Süße.

ERGIBT 3 BIS 4 MARMELADENGLÄSER

1 kg Quitten, gewaschen und grob gehackt

ca. 500 g Kristallzucker

AUSSERDEM

3–4 sterilisierte große Marmeladengläser (das Sterilisieren erfolgt am besten in der Spülmaschine bei höchster Temperatureinstellung oder wie auf Seite 211 beschrieben)

Die Quitten in einen großen, schweren Topf oder Einkochtopf mit reichlich Wasser geben (die Früchte sollten 2 bis 3 Zentimeter mit Wasser bedeckt sein) und das Wasser bei starker Hitze kurz aufwallen lassen. Den Deckel auflegen, die Hitzezufuhr stark reduzieren und die Früchte etwa 1 Stunde sanft köcheln lassen, bis sie weich und zusammengefallen sind. (Ohne Deckel geht es auch. Achten Sie nur darauf, dass stets genügend Wasser im Topf ist und bei Bedarf etwas nachgefüllt wird.)

Sobald die Früchte weich sind, den Topf vom Herd nehmen und 30 Minuten ruhen lassen. Ein großes Sieb über eine Schüssel geben und den Topfinhalt in das Sieb schütten. Mit der Rückseite eines Löffels die Pulpe durch das Sieb in die Schüssel passieren.

Das Fruchtmus abwiegen und zwei Drittel des Gewichts an Kristallzucker zugeben. Kochtopf reinigen, die Quitten-Zucker-Mischung hineingeben und bei mittlerer Hitze sanft aufköcheln lassen. Dabei etwa 1 Stunde oder länger regelmäßig rühren, bis das Mus so eingedickt ist, dass sich die Lücke, die ein bis zum Topfboden reichender Kochlöffel beim Herausziehen hinterlässt, blitzschnell wieder schließt. Beginnt die Masse zu sprudeln, weiterrühren, damit sie nicht anbrennt. Nichts übereilen!

Den Quittenkäse in sterilisierte Gläser füllen und diese luftdicht verschließen. Kühl aufbewahrt, hält er sich mehrere Monat.

Zwetschgeneis

Auf dem Dorfplatz des nahe gelegenen Ortes steht ein großer Zwetschgenbaum. Im Sommer hängt er voll mit Früchten – blauschwarz und mit silbrig schimmernder Haut. Am Ende der Saison sind viele der Zwetschgen fleckig und aufgeplatzt. Das macht sie nicht weniger reif und süß. Diese nicht ganz so perfekten Früchte verwende ich für das Eis, das ich im *River Cottage* zubereite. Das Ergebnis ist ein sanfter Lilaton mit einer durch Zucker abgemilderten Säure – die perfekte Balance. Oft serviere ich zum Eis noch ein bis zwei ganze Zwetschgen.

ERGIBT 12 PORTIONEN

500 g reife Zwetschgen, plus eine große Handvoll mehr zum Servieren (nach Belieben)

6 Eigelb

200 g brauner Zucker

300 ml Crème double

200 ml Vollmilch

AUSSERDEM

eine Eismaschine

Die Zwetschgen mit 3 Esslöffel Wasser in einem großen, schweren Topf auf dem Herd mittelstark erhitzen. Den Topf kräftig rütteln und einen Deckel auflegen. Kurz aufkochen, dann die Hitzezufuhr reduzieren und 10 bis 12 Minuten köcheln lassen, bis die Früchte vollständig zusammengefallen sind. Ein feines Sieb über eine Schüssel geben und die weichen Zwetschgen mit dem Rücken eines Kochlöffels durch das Sieb passieren. Das Fruchtmus beiseitestellen. In der Zwischenzeit die Creme zubereiten.

Für die Creme die Eigelbe in einer Schüssel gründlich mit dem Zucker verrühren. Crème double und Milch in einem kleinen Topf lauwarm erhitzen und vorsichtig unter ständigem Rühren mit einem Schneebesen unter die Ei-Zucker-Masse ziehen.
Die Creme in einem mittelgroßen Topf schwach erhitzen und unter ständigem Rühren sanft köcheln lassen (sie darf nicht aufkochen, sonst gerinnen die Eigelbe!), bis sie einzudicken beginnt. Die heiße Creme durch ein Sieb in das Zwetschgenmus passieren und alles gut vermengen. Abkühlen lassen.

Die Zwetschgencreme in der Eismaschine rühren, bis sie fest zu werden beginnt. Das Eis in einen geeigneten Behälter umfüllen und abgedeckt mindestens 3 bis 4 Stunden im Gefrierfach fest werden lassen.

Das Eis 15 bis 20 Minuten vor dem Servieren aus dem Gefrierfach nehmen, damit es leicht antaut. In Schälchen portionieren und pur oder mit 1 bis 2 Zwetschgen servieren.

Zwetschgen mit Salbeiblättern, Camembert und Kakaonibs

Die saftigen, säuerlichen Zwetschgen mit ihrer Konsistenz eines Chutneys bilden hier die ideale Ergänzung zu dem kräftigen reifen Camembert oder Brie. Der Honig süßt die Früchte exakt in dem Maß, in dem die Säure ausgeglichen wird. Für den richtigen Biss sorgen zerstoßene, ungeröstete Kakaobohnen, deren bittersüßes Aroma unglaublich gut zu Salbei passt. Ich serviere diese bunte Kreation gern als Käsegang, vielleicht mit einer Tasse Kaffee, ganz frisch gebrüht.

FÜR 2 PERSONEN

1 EL Olivenöl extra vergine

1 kleines Stück Butter (ca. 25 g)

2–3 TL flüssiger Honig

8 reife Zwetschgen, halbiert und entsteint

12 kleine Salbeiblätter

125 g reifer Camembert oder Brie

2 TL Kakaonibs

Salz und frisch gemahlener schwarzer Pfeffer

Den Camembert oder Brie aus dem Kühlschrank nehmen, damit er Zimmertemperatur annehmen kann. In der Zwischenzeit die Zwetschgen kochen.

Dazu Öl, Butter und Honig in einer Pfanne mittelstark erhitzen. Die Zwetschgenhälften mit der Schnittfläche nach unten in die aufschäumende Mischung setzen. Den Großteil an Salbeiblättern zerpflückt darüberstreuen. Die Früchte 3 bis 4 Minuten auf einer Seite braten, dann wenden und 2 bis 3 Minuten auf der anderen Seite garen, bis sie weich sind, aber immer noch ihre Form halten. Die Pfanne vom Herd nehmen und die Zwetschgen in der Pfanne auskühlen lassen.

Den Käse in Scheiben schneiden und gleichmäßig auf zwei Tellern anrichten. Die Zwetschgen darüber verteilen und die restlichen Salbeiblätter darüberstreuen. Den buttersüßen Saft aus der Pfanne darüberträufeln. Mit Kakaonibs garnieren, salzen und pfeffern. Sofort servieren.

Schweinekruste und Zwetschgen

Die Idee für diese Kreation folgt mir wie eine verschwommene Erinnerung: Ich gehe mit Freunden an der Steilküste von Dorset spazieren. Die Wege entlang der Felsen werden von zähen Schafen gepflegt. Es ist Herbst. Der Wind bläst frisch, aber nicht kalt. Der Himmel ist grau, aber es fällt kein Regen. Im Osten und Westen kreisen Möwen und Raben. Ein kleiner Turmfalke schwebt hoch über dem Farngestrüpp, ehe er sich in die Tiefe stürzt. Dann beginnt es zu regnen, und wir eilen zum nächsten Pub und bestellen ein paar Gläser Helles und Whisky. Der Wirt bringt uns Schweinekruste mit Zwetschgenkompott. Dieses Rezept ist der Versuch, meine Erinnerung in einem Gericht umzusetzen.

FÜR 4 PERSONEN

400–500 g Schweineschwarte von der Schulter oder Lende mit einer ca. 1 cm dicken Fettschicht

Salz

FÜR DAS KOMPOTT

300 g reife Zwetschgen, halbiert und entsteint

50 g Zucker

1 Sternanis

1 kleines Bund Thymian, die Blätter abgezupft

1 getrocknete Chilischote (nach Belieben)

Für eine knackige Kruste muss die Schwarte richtig trocken sein. Dazu die Schwarte unbedeckt über Nacht oder besser noch einige Tage vor dem Zubereiten ins unterste Kühlschrankfach legen.

Den Backofen auf 230 bis 240 °C vorheizen. Für das Kompott die Zwetschgenhälften mit Zucker, dem Sternanis, Thymianblättern und der Chilischote (falls verwendet) sowie 2 bis 3 Esslöffel Wasser in einen mittelgroßen Topf geben und sanft aufkochen. Unter gelegentlichem Rühren 3 bis 5 Minuten köcheln lassen, bis die Zwetschgen Saft abgeben und beginnen zusammenzufallen. Den Topf vom Herd nehmen, die Zwetschgen vorsichtig umrühren und abkühlen lassen.

Die Schweineschwarte mit der Fettschicht nach unten auf ein Brett legen. Mit einem sehr scharfen Messer die Schwarte in 2 bis 3 Zentimeter breite Streifen schneiden. Einen Metallrost über einen Bräter legen und die Streifen mit der Fettschicht nach unten darauflegen. Kräftig salzen und 15 bis 20 Minuten in den Ofen geben, bis die Schwarte Blasen wirft und goldbraun ist. Falls die Schwarte noch nicht kross genug ist, den Backofen auf 180 °C herunterschalten und weitere 10 bis 15 Minuten rösten.

Die Schweinekrustenstreifen aus dem Ofen nehmen und auf einem Brett oder einer Servierplatte anrichten. Das ausgelaufene Fett im Bräter für Bratkartoffeln an einem anderen Tag aufheben.

Das Zwetschgenkompott in einer Schüssel oder im Topf zum Dippen neben den Schweinekrustenstreifen servieren.

Schwarze Johannisbeeren mit Blattgemüse, Chili, Ingwer und Knoblauch

Bei diesem einfachen Dressing (das voller Überraschungen steckt) versuche ich, Form und Konsistenz einer Handvoll Schwarzer Johannisbeeren zu erhalten – die Säure der kleinen Beeren ersetzt dabei den Essig. Für sich allein bildet das Dressing eine raffinierte Beilage zu Entenbraten oder würzig gebratenem Schweinebauch, und mit braunem oder weißem Reis serviert, ergibt es sogar ein belebendes Mittagessen. Es krönt jeden frischen Salat der Saison, passt aber ebenso gut zu seidenweichem Mangold oder Schwarzkohl *(cavolo nero)*.

FÜR 2 PERSONEN ALS BEILAGE

100 g Schwarze Johannisbeeren

1 große oder 2 kleine Knoblauchzehen, geschält und in dünne Scheiben geschnitten

½ kleine, mittelscharfe Chilischote, entkernt und in dünne Ringe geschnitten

1 Stück frische Ingwerwurzel (ca. 3 cm), geschält und gerieben

2 TL flüssiger Honig

1 EL Bio-Tamari- oder Sojasauce

2 Handvoll frisches grünes Blattgemüse (z. B. Grün- oder Schwarzkohl, Mangold oder ein Mix aus verschiedenen Kohlsorten)

1 Prise Salz

Die Stiele der Schwarzen Johannisbeeren entfernen, um die Beeren verarbeiten zu können. Die Beeren anschließend mit 2 Teelöffel Wasser in einen kleinen Topf geben und Knoblauch, Chilischote, Ingwer, Honig, Tamari- oder Sojasauce zufügen.

Bei schwacher Hitze aufkochen und 3 bis 4 Minuten sanft köcheln lassen, bis die Beeren beginnen, den Saft abzugeben. Einige Beeren sollten jedoch ihre Form noch behalten. Ein- bis zweimal vorsichtig umrühren (das Ganze sollte eine dickliche Konsistenz haben, die den Löffel beim Umrühren überzieht). Den Topf vom Herd nehmen und beiseitestellen.

Salzwasser in einem größeren Topf zum Kochen bringen. Das Blattgemüse gut waschen und alle unbrauchbaren Hüllblätter und Stiele entfernen. Die Blätter im kochenden Wasser 3 bis 5 Minuten blanchieren oder bis sie die gewünschte Garstufe erreicht haben. Sorgfältig abgießen und noch dampfend in eine Schüssel geben. Das Johannisbeer-Dressing darüber verteilen und sofort servieren.

Löffelbiskuits mit Schwarzen Johannisbeeren und Thymian

Für Schwarze Johannisbeeren ist dies die beste Zubereitungsart: Mit Zucker und viel frischem Thymian sanft bis kurz vor dem Platzen gegart. Warum harmonieren die Beeren nur so gut mit Thymian? Diese hauchzarten Löffelbiskuits mit Schwarzen Johannisbeeren sind eine luftige Kreation, die sich im Mund anfühlt wie ein Hauch Schlagsahne oder flüchtiger Rauch. Die kleinen Beeren platzen beim Backen und geben ihren süßen Saft ab.

ERGIBT 12 STÜCK

etwas Butter zum Einfetten der Form

1 Ei, getrennt

1 Prise Salz

½ TL Bourbon-Vanille-Extrakt

30 g brauner Zucker

20 g Mehl

100 g reife Schwarze Johannisbeeren

2 Zweige Thymian, die Blätter abgezupft

2 EL Puderzucker

AUSSERDEM

evtl. eine Muldenform zum Backen von Löffelbiskuits

einen Spitzbeutel

Den Backofen auf 180 °C vorheizen.

Wird eine Muldenform zum Backen der Biskuits verwendet, diese leicht mit Butter einfetten. Ansonsten ein Backblech mit Backpapier belegen.

Eigelb, Salz, Vanille-Extrakt und die Hälfte des Zuckers in eine kleine Schüssel geben und 3 bis 4 Minuten mit einem Schneebesen zu einer hellen, dicken Creme aufschlagen.

In einer separaten, größeren Schüssel das Eiweiß schlagen, bis sich feste Spitzen bilden, dann den restlichen Zucker einrieseln lassen und das Eiweiß steif schlagen.

Von dem Eischnee 1 Esslöffel abnehmen und vorsichtig unter die Eicreme ziehen. Danach die Creme unter den restlichen Eischnee heben, das Mehl darübersieben und das Ganze langsam mit dem Spatel untermischen, bis eine homogene Teigmasse entstanden ist.

Den Teig in den Spritzbeutel füllen (dabei darauf achten, dass die Luft nicht herausgedrückt wird) und entweder in die Mulden oder in etwa 10 Zentimeter langen Streifen auf das Backblech spritzen. Die Johannisbeeren auf den Teigstreifen verteilen und leicht in den Teig drücken. Mit Thymian betreuen und der Hälfte des Puderzuckers bestäuben und 5 Minuten ruhen lassen, dann den restlichen Puderzucker darüberstreuen. Biskuits in den Ofen geben und 12 bis 15 Minuten backen, bis sie goldbraun sind. Herausnehmen. Wenn eine Muldenform verwendet wurde, Biskuits sofort aus der Form nehmen und auf einem Kuchengitter abkühlen lassen. Ansonsten auf dem Blech abkühlen lassen.
Die Biskuits halten sich luftdicht verschlossen bis zu zwei Tage.

Schwarzer-Johannisbeer-Sirup

Dieser Sirup lässt mich glauben, ich hätte die Essenz des Spätsommers eingefangen und könnte sie einfach so, verborgen in einer Glasflasche, aufbewahren… Die Rezeptmenge für den Sirup lässt sich ohne Weiteres verdoppeln oder verdreifachen, wenn Sie selbst Johannisbeersträucher in Ihrem Garten haben oder beim Obstbauern viele Beeren gepflückt haben.

ERGIBT ETWA 1 LITER

600 g reife Schwarze Johannisbeeren

350 g brauner Zucker oder Kristallzucker

2 TL Thymianblätter (nach Belieben)

Saft und fein abgeriebene Schale von 1 unbehandelten Zitrone

AUSSERDEM

ein Saftsieb (Strainer), ersatzweise ein Sieb mit Mull- oder Seihtuch

sterilisierte Glasflaschen (das Sterilisieren erfolgt am besten in der Spülmaschine bei höchster Temperatureinstellung oder wie auf Seite 211 beschrieben)

Die Schwarzen Johannisbeeren unter fließendem kaltem Wasser kurz abspülen und die Stiele entfernen (dabei den kleinen papierähnlichen Stielansatz vernachlässigen, falls vorhanden). Johannisbeeren, Zucker und Thymian, falls verwendet, mit 500 Milliliter Wasser in einen schweren, großen Topf geben. Bei schwacher Hitze etwa 5 Minuten rühren, bis sich der Zucker vollständig aufgelöst hat.

Die Hitzezufuhr erhöhen und sanft aufkochen lassen. Ohne Deckel die Beeren 8 bis 10 Minuten köcheln, bis sie so weich sind, dass sie fast platzen. Zitronensaft und -schale zugeben. Den Topf vom Herd nehmen und das Ganze abkühlen lassen.

Das Saftsieb über einen Krug oder eine Schüssel setzen und die abgekühlten Beeren hineinfüllen. Den Saft mindestens 1 Stunde (besser 2 Stunden) in das Behältnis darunter tropfen lassen. Die Beeren gelegentlich mit der Rückseite eines Löffels gegen das Sieb drücken, um möglichst viel Saft zu gewinnen.

Den Sirup in sterilisierte Glasflaschen abfüllen. Die Flaschen luftdicht verschließen und im Kühlschrank lagern. Der Sirup hält sich drei bis vier Wochen.

Zum Servieren Eiswürfel in ein Glas geben und mit dem Sirup übergießen. Nach Belieben mit stillem oder kohlesäurehaltigem Wasser auffüllen.

Feld

Feld | Manchmal scheinen sich die Felder wie die Oberfläche von warmem Wasser zu bewegen. Die letzte trockene Brise des Sommers; ferne Schornsteine rauchen, Gerste und Roggen wiegen sich. Alles ist graugelb und staubig. Wir laufen die Labyrinthe der Reifenspuren auf dem Feld vor dem Schnitt ab. Erntetag, mit dem brummenden Dreschgeräusch und dem Wenden der Maschinen in der Abenddämmerung. Lange Spaziergänge. Die Luft verblaut, die Erde ist Ocker. Alles dreht sich, der Pflug wendet; der Boden ist schwer und dunkel wie die Nacht, das Mehl in meinen Händen weiß.

Roggen

Hafer

Weizen

Gerste

Mais

Roggenkräcker

Ihren guten Geschmack und ihre spröde Konsistenz erhalten diese köstlichen Kräcker durch den Sauerteig. Aber man kann sie auch, je nach Belieben, mit einem anderen Teig zubereiten. Ich verwende für die Kräcker Kümmelsamen, weil ich dieses Aroma speziell zu Roggen liebe. Sesamsaat, Leinsamen, Mohnsamen oder Sonnenblumenkerne schmecken als Zugabe genauso gut. Die Roggenkräcker passen perfekt zu Käse, zu einem Parfait mit etwas Fruchtgelee oder zu Eingelegtem. Luftdicht verschlossen, halten sie sich mehrere Tage.

FÜR 4 BIS 6 PERSONEN

150 g Roggensauerteig (siehe unten)

100 g helles Roggenmehl, plus etwas mehr Mehl zum Bestäuben des Teigs

1 TL feines Meersalz

1 EL Kümmelsamen

FÜR DEN ROGGENSAUERTEIG

Sauerteig entsteht durch Gärung von Mehl und Wasser. Er enthält natürliche, »wilde« Hefen und Milchsäurebakterien. Die Hefen produzieren Kohlendioxid und Alkohol, die das Brot aufgehen lassen. Die Bakterien verleihen dem Brot seinen vielschichtigen Geschmack. Ich nehme Roggenvollkornmehl des nussigen Aromas wegen, und weil es für den aktivsten Sauerteig zu sorgen scheint. Er wird wie folgt hergestellt:

TAG 1: In einer Schüssel 25 g Mehl mit 50 ml warmem Wasser verrühren und abgedeckt über Nacht an einem warmen Ort (ca. 30 °C) ruhen lassen.

TAG 2, 3 UND 4: Jeden Tag weitere 25 g Roggenmehl und 50 ml warmes Wasser zur bestehenden Mischung geben. Nach jeder Zugabe gut umrühren und am selben warmen Ort zugedeckt ruhen lassen. (Ab dem 3. Tag sollten Anzeichen der Gärung sichtbar werden.)

TAG 5: Nun haben sich etwa 300 g Roggensauerteig gebildet, die zum Backen verwendet werden können. Teig, der nicht gebraucht wird, wird im Kühlschrank aufbewahrt. Der Sauerteig muss jedoch ein- oder zweimal »gefüttert« werden, damit er bis zum nächsten Einsatz aktiv bleibt. Jeweils weitere 25 g Roggenmehl und 50 ml warmes Wasser hinzugeben. Die zum Backen entnommene Menge Sauerteig durch eine Mischung aus frischem Mehl und Wasser im Gewichtsverhältnis 1:2 ersetzen und bis zur nächsten Entnahme gären lassen.

Den Roggensauerteig zusammen mit dem Mehl und 80 bis 100 Milliliter Wasser in einer Schüssel vermengen und mit einem Kochlöffel zu einem Teig von sehr dicker oder sehr klebriger Konsistenz schlagen. Anschließend abgedeckt an einem warmen Ort 2 bis 3 Stunden gehen lassen.

Den Backofen auf 120 °C vorheizen. Ein Backblech mit Backpapier oder besser mit einer Antihaft-Silikonmatte belegen.

Den Teig mit einem Spatel oder einem Palettmesser gleichmäßig dünn auf dem Blech (oder der Matte) bis dicht an die Kanten des Blechs verstreichen. Mit Salz, Kümmelsamen und einer großzügigen Prise Roggenmehl bestäuben. Im Ofen 45 bis 50 Minuten backen, bis sich der Teig fest anfühlt.

Das Blech aus dem Ofen nehmen und die Kräckerplatte mit einem Palettenmesser oder Spatel vorsichtig in einem Stück vom Backpapier oder der Silikonmatte abheben.

Kräckerplatte wieder in den Ofen geben, diesmal direkt auf den Ofenrost legen. Weitere 20 Minuten backen, bis sie spröde ist. Sollte das nicht der Fall sein, in den Ofen zurückgeben und alle 4 bis 5 Minuten überprüfen, bis sie kross ist. Herausnehmen und abkühlen lassen.

Zum Servieren die Kräckerplatte entweder in kleinere Stücke brechen oder nach Wunsch im Ganzen auf den Tisch stellen und von den Gästen zerteilen lassen.

Dunkles Roggenbrot mit Koriander- und Kümmelsamen

Zu Hause backen wir dieses Brot ein- bis zweimal pro Woche. Es gibt kein Kneten, keine Maschine, keine Hefe – man braucht lediglich ein paar Minuten Zeit zum Mischen der Zutaten. Dann lässt man den Teig gehen. Mit seiner schönen saftigen Konsistenz und dem komplexen Charakter ist es das beste Roggensauerteigbrot, das ich kenne. Durch die Sämereien und das Roggenmehl wird es nussig, Koriander macht es herrlich pikant, und Kümmel komplettiert das Ganze. Ideal für Sandwiches (vor allem für die skandinavischen) mit geräuchertem Fisch, Crème fraîche, gehacktem Ei und Dillgurken. Auch getoastet schmeckt es wundervoll. Einfach probieren – dick mit kalter Butter bestrichen und mit guter Marmelade darüber.

ERGIBT 1 LAIB

- 250 g Roggensauerteig (Seite 150)
- 350 g helles Roggenmehl, plus etwas mehr Mehl zum Bestäuben der Form und des Teigs
- 125 g Perlgraupen (Gerste), gekocht
- 1 EL Melasse
- 2–3 TL Koriandersamen
- 2–3 TL Kümmelsamen
- 1–2 EL Sonnenblumenkerne
- 1–2 EL Leinsamen
- 10 g feines Meersalz
- Öl zum Einfetten der Form

AUSSERDEM

eine Kastenform mit Antihaftbeschichtung zum Brotbacken (22 x 11 cm; 1 l Inhalt)

Den Roggensauerteig mit allen übrigen Zutaten (außer Öl) und etwa 200 Milliliter Wasser in eine große Schüssel geben. Alles mit einem Kochlöffel oder mit den Händen zu einem lockeren Teig verarbeiten.

Die Kastenform mit etwas Öl einfetten und danach mit reichlich Roggenmehl bestäuben. Den Teig mit nassen Händen zu einem Brotlaib formen, der später locker in der Form sitzt. Den Laib oben glatt streichen und in die vorbereitete Form setzen. Die Oberseite wie auch die Seiten des Laibes mit Roggenmehl bestäuben, um ein Ankleben des Teigs zu verhindern und dem Brot ein knuspriges, appetitliches Aussehen zu verleihen.

Die Form in einen sauberen Plastikbeutel geben und den Teig an einem warmen Ort 4 bis 8 Stunden gehen lassen. Wenn der Sauerteig gegangen ist, füllt der Teig die Form vollständig aus.

Den Backofen auf 200 °C vorheizen. Die Form auf die mittlere Schiene im Ofen stellen und das Brot 25 Minuten backen. Die Hitzezufuhr auf 180 °C reduzieren und das Brot 20 Minuten weiterbacken, bis es sein Volumen vergrößert hat, schön dunkel ist und hohl klingt, wenn man daraufklopft.

Das Brot aus dem Ofen nehmen und auf ein Kuchengitter stürzen. Vor dem Anschneiden mindestens 1 Stunde ruhen lassen. Der Laib reicht für mindestens eine Woche, wenn nicht sogar für zehn Tage.

Schokoladen-Roggen-Brownies mit Lorbeerblättern und Mandeln

Roggenmehl und gute Schokolade passen zusammen wie Topf und Deckel. Ich verwende gern Roggenmehl beim Backen, weil es so zart nach Nuss schmeckt, auf gekonnte Weise den herben Geschmack dunkler Schokolade überspielt und herrliche Röstaromen in Schokoladenkuchen, Glasuren und Kekse zaubert. Zu diesen Roggen-Brownies gesellt sich duftender Lorbeer, der in Verbindung mit Schokolade und Roggen intensive aromatische Akzente setzt. Das knackige, süße Mandel-Topping schließlich verleiht den Brownies zusätzlich eine wunderbare Textur.

FÜR 8 BIS 10 PERSONEN

200 g Zartbitterschokolade bester Qualität (mind. 70 % Kakaoanteil), in Stücke gebrochen

180 g Butter, gewürfelt und gut gekühlt, plus etwas mehr Butter zum Einfetten

2 Prisen feines Meersalz

4 Eier

100 g Muscovado-Zucker

80 g Rohrohrzucker

150 g helles Roggenmehl, plus etwas mehr Mehl zum Bestäuben der Form

100 g ungeschälte Mandeln

fein abgeriebene Schale von ½ unbehandelten Orange

50 g Kristallzucker

6–8 Lorbeerblätter

AUSSERDEM

eine Backform (ca. 20 x 30 cm)

Den Backofen auf 160 °C vorheizen.

Die Backform mit Butter einfetten und mit Mehl bestäuben. Zartbitterschokolade, Butter und eine Prise Salz in eine große, hitzebeständige Schüssel geben und auf einen Topf mit leicht siedendem Wasser stellen (der Schüsselboden darf das Wasser nicht berühren!). Die Schokolade im Wasserbad unter gelegentlichem Rühren 6 bis 8 Minuten köcheln lassen, bis sie geschmolzen ist. Schüssel vom Topf nehmen und beiseitestellen.

Zuerst ein Ei trennen, dabei das Eiweiß möglichst genau halbieren. Die eine Hälfte zurückbehalten, die andere zusammen mit dem Eigelb, den restlichen Eiern sowie den beiden Zuckersorten in eine Schüssel geben und mit einem Handrührgerät zu einer hellen Creme aufschlagen.

Die Creme vorsichtig unter die geschmolzene Schokolade ziehen. Das Roggenmehl hinzufügen und alles gründlich vermischen. Den Teig in die vorbereitete Backform füllen.

Für das Topping das zurückbehaltene Eiweiß in einer Schüssel luftig aufschlagen. Mandeln, Orangenschale, Kristallzucker und das restliche Salz unterrühren, bis die Mandeln ganz vom Eischnee überzogen und die Zutaten vollständig vermengt sind. Mandel-Topping gleichmäßig über den Teig verteilen und die Lorbeerblätter jeweils mit dem Stiel in den Teig hineindrücken. Kuchen im Ofen 20 bis 25 Minuten backen, bis er aufreißt. An der Oberfläche sollte er fest, in der Mitte noch klebrig sein. Aus dem Ofen nehmen und in der Form abkühlen lassen. In Quadrate schneiden und mit Sahne, Eis oder Joghurt servieren – oder pur mit einer Tasse Kaffee.

Haferflocken-Pflaumen-Frühstückskuchen

Dieser Kuchen steht wahrscheinlich nicht jeden Tag auf Ihrem Frühstückstisch. Ich empfehle ihn dennoch zumindest ein- oder zweimal in der Pflaumensaison. Ein köstliches Frühstück… Der Kuchenboden aus Haferflocken, Honig, Sonnenblumenkernen und Trockenfrüchten sorgt für eine verführerische Konsistenz, die ein wenig an weiche Pfannkuchen erinnert. Das Gegengewicht zu dieser Basis bildet die Füllung aus Crème double, Vanille, Puderzucker, Frischkäse und Joghurt. Die Pflaumen für das Topping sollten nicht zu stark verkochen und noch etwas Form haben. Der Mohnsamen ist kein »Muss«, aber ich garniere am Ende den

FÜR 6 BIS 8 PERSONEN

FÜR DEN BODEN

150 g Haferflocken

75 g flüssiger Honig

25 g Sonnenblumenkerne

125 g getrocknete Datteln, entsteint

75 g Dörrpflaumen

FÜR DIE FÜLLUNG

150 ml Crème double

1 TL Bourbon Vanille-Extrakt

40 g Puderzucker

200 g Frischkäse (Vollfettstufe)

75 g Joghurt

FÜR DAS TOPPING

½ TL Butter

2 TL flüssiger Honig

10–12 kleine Pflaumen, halbiert und entsteint

Mohnsamen zum Bestreuen (nach Belieben)

AUSSERDEM

eine Springform (ø 20 cm)

eine Küchenmaschine

Den Boden der Springform so mit Backpapier belegen, dass es übersteht. Den Backformring um den Boden schließen. (So lässt sich der Kuchen nach dem Festwerden leichter aus der Form lösen.)

Alle Zutaten für den Kuchenboden mit 2 Esslöffel Wasser in der Küchenmaschine zu einer krümeligen, gut durchmischten Masse verarbeiten. Gleichmäßig in der Form verteilen und mit einem Löffelrücken glatt streichen. Die Schicht sollte etwa 1 Zentimeter hoch sein. Im Kühlschrank fest werden lassen. Währenddessen die Füllung zubereiten.

In einer großen Schüssel die Zutaten für die Füllung mit einem Schneebesen oder einem Handrührgerät verrühren, damit keine Puderzuckerklümpchen zurückbleiben. Den Kuchenboden aus dem Kühlschrank nehmen, die Mischung darauf verteilen und in den Kühlschrank zurückstellen, sodass sie fest wird.

Für das Topping Butter und Honig in einer kleinen Pfanne mittelstark erhitzen. Die Pflaumen mit der Schnittfläche nach unten in die heiße, gesüßte Butter legen. Etwa 5 Minuten unter einmaligem Wenden darin schmoren, bis sie weich sind, aber die Form behalten haben. Sobald die Früchte zusammenfallen, die Pfanne vom Herd nehmen. Auf dem Boden sollte sich Sirup gebildet haben. Beiseitestellen und abkühlen lassen.

Die Springform aus dem Kühlschrank nehmen und die Pflaumen zusammen mit dem Sirup vorsichtig über der Füllung verteilen. Kuchen aus der Form nehmen und auf eine Servierplatte setzen. Vor dem Servieren die Früchte, falls gewünscht, dekorativ mit Mohnsamen bestreuen.

Haferschrot mit Hähnchenhaut und Lauch

Dieses Gericht enthält einige meiner Lieblingszutaten: knusprig-salzige Hähnchenhaut, butterzarten Lauch mit einer Konsistenz wie Seide auf der Zunge und dazu kräftiger, cremiger Haferschrot, fast so zubereitet wie Risotto und gehaltvoll wie die beste Brotsauce. Und falls erhältlich: Sommertrüffeln, mit ihrem feinen, erdigen Aroma. Aber ein paar Tropfen gutes Trüffelöl tun es auch, denn dieses Gericht ist ein einfaches und bescheidenes Essen.

FÜR 2 PERSONEN

50 g grober Haferschrot

abgezogene Haut von 4 Hähnchenbrüsten

1 Schalotte oder ½ kleine Zwiebel, in dünne Ringe geschnitten

2 Knoblauchzehen, geschält und in dünne Scheiben geschnitten

1 Lorbeerblatt

3–4 Zweige Thymian, die Blätter abgezupft

ein Schuss Cidre (nach Belieben)

300 ml Hühnerbrühe (Seite 58), plus etwas mehr Brühe zum Auflockern, falls nötig

1 EL geriebener Hartkäse (z. B. Cheddar oder Parmesan)

2 Stück Butter (à 50 g)

2 kleine Stangen Lauch, geputzt

einige Späne von frischem Sommertrüffel *(Tuber Aestivum)*, nach Belieben

Salz und frisch gemahlener schwarzer Pfeffer

Den Backofen auf 180 °C vorheizen.

Den Haferschrot in einer Schüssel mit Wasser bedeckt einweichen. Währenddessen die Hähnchenhaut rösten. Dazu einen großen Bräter mit Backpapier auslegen. Die Häute in gleichmäßigem Abstand darauf verteilen, salzen und pfeffern. Im Ofen 15 bis 20 Minuten (oder etwas länger, falls nötig) braten, bis sie knusprig sind. Herausnehmen und auf einem Rost abkühlen lassen.

Aus dem Bräter 1 Esslöffel Fett entnehmen und in einer Pfanne mit schwerem Boden erhitzen. Schalotte oder Zwiebel, Knoblauch, Lorbeer und Thymian unter ständigem Rühren 3 bis 5 Minuten darin dünsten, bis die Schalottenringe weich sind, aber noch keine Farbe angenommen haben. Den Haferschrot durch ein Sieb abgießen, zugeben und gut verrühren. Den Cidre (falls verwendet) angießen und alles bei mittlerer Hitze aufkochen. Die Hälfte der Hühnerbrühe zufügen und unter regelmäßigem Rühren köcheln lassen, bis die Brühe fast vollständig absorbiert ist. Die restliche Brühe angießen, umrühren und15 bis 20 Minuten kochen, bis ein risottoähnlicher Brei entstanden ist. Den Topf vom Herd nehmen. Geriebenen Käse und 1 Stück Butter unterheben. Kräftig mit Salz und Pfeffer abschmecken und beiseitestellen.

Die restliche Butter und 100 Milliliter Wasser in eine große, schwere Pfanne geben. Die Lauchstangen zugeben, kräftig mit Salz und Pfeffer würzen. Einen Deckel auflegen und 10 bis 15 Minuten garen, bis sie weich sind.

Zum Servieren den Haferbrei aufwärmen (möglicherweise muss er mit etwas heißer Brühe aufgelockert werden) und gleichmäßig auf zwei Teller verteilen. Jeweils eine warme Lauchstange dazugeben und zusammen mit einigen Stücken knuspriger Hähnchenhaut und ein paar Trüffelspänen (falls verwendet) sofort servieren.

Haferplätzchen mit Schafskäse und Rosmarin

Diese Plätzchen, mit weichem Frischkäse bestrichen und einigen säuerlichen Apfelspalten dazu, sind ein Gedicht. Sie werden aus Hafermehl und -flocken hergestellt und zum Schluss locker mit kernigen großblättrigen Haferflocken bestreut. Schafskäse und reichlich Rosmarin verleihen ihnen einen ausgesprochen pikanten Geschmack – und schließlich sorgt geräuchertes Paprikapulver für raffinierte Würze und ein rauchiges Aroma… aber das nur auf Wunsch!

ERGIBT 18 BIS 20 STÜCK

150 g mittelgrobes Hafermehl

50 g Haferflocken

75 g harter Schafs- oder Ziegenkäse, gerieben

3 Zweige Rosmarin, von zweien die Nadeln abgezupft und fein gehackt, 1 Zweig ganz lassen

½ TL feines Meersalz

2 TL grob gemahlener schwarzer Pfeffer

1–2 Prisen geräuchertes Paprikapulver *(Pimentón de la Vera)*, nach Belieben

1 kleine Handvoll kernige Haferflocken zum Bestreuen

AUSSERDEM

einen Plätzchenausstecher (ø 5–6 cm)

Den Backofen auf 160 °C vorheizen.

Hafermehl und -flocken, geriebenen Käse, Rosmarinnadeln, Salz, Pfeffer und Paprikapulver (falls verwendet) in einer Schüssel gut mischen. 125 Milliliter Wasser darübergießen und mit einem Kochlöffel alles zu einem relativ festen, noch leicht klebrigen Teig verrühren. Den Teig etwa 10 Minuten ruhen lassen, dann auf einer bemehlten Arbeitsfläche ausrollen. Die Haferflocken darüberstreuen und den ganzen Rosmarinzweig darüber zerpflücken. Teig erneut ausrollen, sodass Hafer und Rosmarinstücke an der Oberfläche haften und der Teig etwa 5 Millimeter dick ist.

Mit dem Plätzchenausstecher oder einem entsprechend großen, dünnwandigen Glas Plätzchen aus dem Teig stechen. Plätzchen auf ein Backblech mit Antihaftbeschichtung legen und im Ofen 25 bis 30 Minuten backen, bis sie goldbraun sind.

Die Haferplätzchen vor dem Aufbewahren auf einem Kuchengitter vollständig auskühlen lassen. Luftdicht verschlossen, halten sie bis zu einer Woche.

Brot aus Weizenmalzmehl

Ich liebe den Geschmack von gemälztem Weizenmehl. Das Mälzen verleiht dem Korn einen karamellartigen Geschmack, und man riecht das wunderbare Aroma beim Kneten des Teigs, wenn er aufgeht und wenn er im Ofen gebacken wird. Verwendet man stattdessen ein kräftiges Weizenmehl, bleiben Menge und Backverfahren gleich.

ERGIBT 1 LAIB

300 g Weizenmalzmehl plus etwas mehr Mehl zum Bemehlen der Arbeitsfläche

200 g Weizenmehl (Type 550), plus etwas mehr Mehl zum Bestäuben

1 TL Trockenhefe (ca. ½ Tütchen Trockenhefe)

10 g feines Meersalz

Sonnenblumenöl zum Bestreichen

Weizenmalz- und Weizenmehl mit Hefe und Salz in einer Schüssel mischen und 350 Milliliter Wasser angießen. Alles mit der Hand zu einem groben Teig mischen. Bei Bedarf etwas mehr Mehl oder Wasser zugeben, bis ein weicher, leicht knetbarer, klebriger Teig entstanden ist. Den Teig auf einer bemehlten Arbeitsfläche 10 Minuten kneten, bis er glatt, elastisch und nicht mehr klebrig ist. Eine Kugel aus dem Teig formen. Die Schüssel reinigen, die Teigoberfläche mit dem Öl bestreichen und den Teig in die saubere Schüssel legen. Mit Frischhaltefolie abgedeckt 1 bis 2 Stunden gehen lassen, bis sich das Volumen verdoppelt hat (die Dauer hängt von der Temperatur in der Küche ab).

Den Backofen auf 220 °C vorheizen.

Den Teig auf die Arbeitsfläche geben, die Luft herauskneten und den Teig zu einer ungefähren Rechteckform drücken. Ein Drittel der zu Ihnen zeigenden Schmalseite zur Mitte falten, dann ein Drittel der gegenüberliegenden Schmalseite darüberfalten. Nähte am Laib verschließen und den Teiglaib wenden. Den Laib wieder strecken und die beiden Arbeitsschritte wiederholen. Mit den Handflächen zu einem etwa 25 Zentimeter langen Zylinder mit verjüngten Enden rollen. Auf eine bemehlte Arbeitsfläche legen, mit Mehl bestäuben und weitere 20 bis 25 Minuten gehen lassen.

Ein Blech im Ofen erhitzen. Aus dem Ofen nehmen und den aufgegangenen Teig, ohne die Luft herauszukneten, vorsichtig von der Arbeitsfläche auf das heiße Blech heben. Mit einem gezackten Messer die Teigrolle über die gesamte Länge 2 Zentimeter tief einschneiden und im Ofen 25 bis 30 Minuten backen. Den Ofen auf 180 °C schalten und 20 Minuten weiterbacken, bis sich eine dunkle, goldbraune Kruste gebildet hat und das Brot hohl klingt, wenn man daraufklopft. Aus dem Ofen nehmen und auf einem Gitter abkühlen lassen.

Focaccia

Die perfekte Unterlage für leckere Zutaten. In diesem Fall sind es Zwiebeln, deftiger Speck und eine Handvoll frischer Salbei und Rosmarin. Möglich wären aber auch Rote Beten in Kombination mit Blauschimmelkäse, Äpfel mit Cheddar und Haselnüssen – oder Blutpudding mit reifen Tomaten, mit viel frischem Thymian bestreut und Olivenöl beträufelt... Zwei oder drei Tabletts mit dieser köstlichen Focaccia kommen bei einem geselligen Beisammensein immer gut an. Mit Salaten und Getränken wird dieses Brot zu einer kompletten Mahlzeit.

ERGIBT 1 LAIB

500 g Weizenmehl (Type 550), plus etwas mehr Mehl zum Bestäuben

10 g feines Meersalz

1 TL Trockenhefe (ca. ½ Tütchen Trockenhefe)

50 ml Olivenöl extra vergine, plus etwas mehr Öl zum Einfetten und Beträufeln

FÜR DEN BELAG

1 EL Öl zum Anbraten und Einfetten der Form

250 g Speckstreifen

1 große Zwiebel, in dicke Ringe geschnitten

1 großes Bund gemischte Kräuter (z. B. Salbei-, Thymianblätter und grob zerkleinerte Rosmarinzweige)

Salz und frisch gemahlener schwarzer Pfeffer

Mehl, Salz und Hefe in einer großen Schüssel mit dem Öl und 400 Milliliter Wasser zu einem ziemlich feuchten Teig verarbeiten. Den Teig auf einer leicht bemehlten Arbeitsfläche 10 Minuten kneten, bis er weich und elastisch ist.

Den Teig zu einer Kugel formen und in eine mit Öl gefettete Schüssel legen. Mit einem Geschirrtuch abgedeckt an einem warmen Ort etwa 2 Stunden gehen lassen, bis sich das Teigvolumen verdoppelt hat.

Für den Belag das Öl in einer großen Pfanne erhitzen. Die Speckstreifen darin 3 bis 4 Minuten braten, bis etwas Fett austritt. Die Zwiebelringe zugeben, mit Salz und Pfeffer würzen, alles gründlich verrühren und 10 bis 12 Minuten weiterbraten, bis die Zwiebeln weich zu werden beginnen. Die Pfanne vom Herd nehmen. Abkühlen lassen.

Wenn der Teig gegangen ist, den Backofen auf 200 °C vorheizen. Ein Backblech einfetten und mit etwas Mehl bestäuben. Den Teig auf das Blech legen und mit den Fingerspitzen leicht nach außen drücken, sodass das Blech ganz bedeckt ist. Die Speck-Zwiebel-Mischung in einer gleichmäßigen Schicht darüber verteilen. Den ganzen Teig beliebig mit Kräutern bestreuen und diese mit den Fingern fest in den Teig drücken. Das Blech mit einem Tuch abdecken und den Teig nochmals weitere 35 bis 45 Minuten gehen lassen. Danach das Tuch vom Blech nehmen und den Speck und die Zwiebeln vorsichtig wieder in den aufgegangenen Teig drücken. Großzügig mit Olivenöl beträufeln und den Fladen auf der mittleren Schiene des Ofens 35 bis 40 Minuten backen, bis er goldbraun ist. Aus dem Ofen nehmen, mit etwas Olivenöl beträufeln und mit Salz bestreuen. Warm essen.

Pasta Pappardelle

Manchem wird die Idee, Pasta selbst herzustellen, vielleicht abwegig erscheinen. Das mag daran liegen, dass Teigwaren so ein alltägliches Produkt geworden sind. Die eigene Pasta zuzubereiten kann jedoch etwas ungemein Befriedigendes sein. Es geht einfach, und man braucht nur die simpelsten Zutaten: Mehl und frische Eier. Dieses Rezept ergibt geschmeidigen, zarten Teig, der sich zu Lasagneplatten, Tagliatelle oder – mein Favorit – breiten Pappardelle formen lässt.

FÜR 4 PERSONEN

400 g Weizenmehl Typ 00, plus etwas mehr Mehl zum Bestäuben

1 kräftige Prise feines Meersalz

4 Eier

AUSSERDEM

eine Nudelmaschine

Mehl und Salz in eine große Schüssel geben. In die Mitte eine Mulde drücken und die Eier hineinschlagen. Die Eier mit einer Gabel verquirlen und nach und nach etwas Mehl einarbeiten. Wenn das ganze Mehl eingearbeitet ist und ein weicher Teig entstanden ist, den Schüsselinhalt mit etwas Mehl auf eine saubere Arbeitsfläche geben. Den Teig 8 bis 10 Minuten darauf kneten, immer wieder strecken und zusammenfalten, bis er glatt und elastisch ist. Anschließend in Frischhaltefolie einschlagen und 30 bis 40 Minuten im Kühlschrank ruhen lassen.

Den Teig halbieren. Jede Hälfte mit den Händen zu einem flachen Rechteck formen. Die Pasta mit der Nudelmaschine möglichst dünn ausrollen. Dazu ein Teigrechteck bei dickster Einstellung einige Male durch die Maschine laufen lassen. Daraufhin den Teig zweimal falten und, nochmals bei gleicher Einstellung, erneut zweimal durchlaufen lassen (das verleiht dem Teig Struktur).

Nun die Teighälften durch alle Einstellungen der Maschine, von der dicksten bis zur dünnsten, laufen lassen. Die Teigplatten vor jedem Durchlauf auf beiden Seiten leicht bemehlen. Nach der dünnsten Einstellung die Teigplatten in lange Pappardelle-Bänder schneiden. Ich hänge die Nudelbänder über einen Stuhlrücken, während ich den restlichen Teig rolle und schneide. Die schnell trocknende Pasta zwischen Lagen von Frischhaltefolie abgedeckt im Kühlschrank aufbewahren, wenn sie nicht sofort verbraucht wird. Die Arbeitsschritte mit der anderen Teighälfte wiederholen.

Die Pasta 3 bis 6 Minuten in reichlich Salzwasser kochen, bis sie den gewünschten Biss hat. (Die Kochdauer variiert je nach Dicke und Form der Pasta.) Pappardelle mit etwas zerlassener Butter, Salbeiblättern und Parmesan servieren – oder mit Ihrer Lieblingssauce. (Probieren Sie dazu die Kaninchensauce auf Seite 218.)

Perlgraupen, Kürbis und Pilze mit Dill und Crème-fraîche-Dressing

schmeckt auch kalt u. eine Nacht durchge-zogen!

Ein erdiger, nussiger Salat voller Frühherbstaromen! Gerstengraupen besitzen den Vorteil, dass sie, im Gegensatz zu Reis, so gut wie nie verkochen. Sie behalten ihre Konsistenz und passen ideal zu der buttrigen Süße von geröstetem Kürbis und zu den zarten Pilzen. Das Dressing besteht aus reichlich frischem Dill. Ich liebe den vertrauten und beruhigenden Geschmack von Dill besonders in Verbindung mit Pilzen und Körnern.

FÜR 4 BIS PERSONEN

250 g Perlgraupen (aus Gerste)

4 EL Olivenöl extra vergine

abgeriebene Schale und Saft von 1 unbehandelten Zitrone

1 großer Butternusskürbis

1 kleines Bund Salbei, die Blätter abgezupft

6–8 Zweige Rosmarin

1 kleine Knoblauchknolle, die Zehen getrennt, in der Schale

4–5 große Portobellopilze (300–400 g), geputzt und in Scheiben geschnitten

FÜR DAS DRESSING

2 TL Zucker

2 TL Dijon-Senf

1 EL Cidre-Essig

2–3 EL Crème fraîche

1 Bund Dill, die Spitzen von den Stielen gezupft, gehackt, plus Dillspitzen zum Servieren

1 Bund glatte Petersilie, die Blätter abgezupft

Salz und frisch gemahlener schwarzer Pfeffer

Den Backofen auf 180 °C vorheizen.

Die Graupen in einem mittelgroßen Topf mit Wasser bedeckt bei mittlerer Hitze 25 bis 30 Minuten köcheln, bis sie gar sind, aber noch einen leichten Biss haben. In einem Sieb gut abtropfen lassen und in eine Schüssel geben. Sofort mit der Hälfte des Olivenöls, Zitronenschale und -saft sowie etwas Salz vermischen. Zum Abkühlen beiseitestellen.

Den Kürbis der Länge nach halbieren. Die Kerne entfernen und jede Kürbishälfte in 5 bis 6 Spalten schneiden. Die Spalten nach Belieben schälen. Mit den Salbeiblättern, Rosmarinzweigen, Knoblauchzehen und dem restlichen Öl in einen Bräter geben und großzügig salzen und pfeffern. Den Bräter mit Alufolie abdecken und 30 bis 40 Minuten in den Ofen stellen, bis der Kürbis weich ist.

Den Bräter aus dem Ofen nehmen, die Folie entfernen und die Pilzscheiben auf und um den Kürbis herum verteilen. Alles vorsichtig wenden, um zu vermeiden, dass der Kürbis zerfällt. Den Bräter weitere 20 Minuten in den Ofen stellen, bis die Pilze gar sind und der Kürbis etwas Farbe angenommen hat. Aus dem Ofen nehmen und abkühlen lassen.

Für das Dressing Zucker, Senf und Essig in einer Schüssel gut verrühren. Die Crème fraîche und den gehackten Dill unterrühren. Alles mit Salz und Pfeffer abschmecken.

Kurz vor dem Servieren Kürbis, Pilze, Kräuter, Knoblauch und den Fond aus dem Bräter mit den Graupen vermischen. Die Petersilienblätter darüberstreuen und mit dem Dressing beträufeln. Alles noch einmal vorsichtig umrühren und zum Schluss mit Dill bestreuen. Sofort servieren.

Gefüllter Kürbis mit Fenchel und Gerstengraupen

Immer wenn es diese kleinen, gefüllten Kürbisse gibt, denke ich mich an meinen Freund Pip, der leider nicht mehr unter uns weilt. Die Zubereitung von Kürbissen wie in diesem Rezept war das letzte Gericht, das Pip und ich zusammen für ein gemeinsames Buchprojekt kochten. Ich erinnere mich, als wäre es gestern gewesen… Diese Variante ist süß durch den Kürbis und Fenchel und voller Charakter durch die Perlgraupen. Ich glaube, Pip würde es schmecken.

FÜR 2 PERSONEN

2 kleine Hokkaido-Kürbisse (à ca. 800 g)

2 kleine Fenchelknollen

2 EL Olivenöl extra vergine

1 Handvoll Fenchelgrün, falls verfügbar

125 g Perlgraupen (aus Gerste)

100 g Cheddar, gerieben

1 kleines Stück Butter (ca. 25 g)

1 Knoblauchzehe, geschält und gerieben

Salz und frisch gemahlener schwarzer Pfeffer

Den Backofen auf 180 °C vorheizen.

Die Kürbisse mit einem scharfen, schweren Messer unten begradigen, damit sie gerade stehen. Einen Deckel rund um den Stielansatz herausschneiden, beiseitestellen. Mit einem Metalllöffel Kerne und das faserige Innere entfernen, sodass eine saubere Höhlung entsteht.

Den Fenchel putzen, die Knollen halbieren und jede Hälfte in 3 bis 4 Spalten schneiden.

Die Kürbisse in einen Bräter stellen, die Fenchelspalten darum herumlegen und die Kürbisdeckel dazwischenschieben. Alles, auch das Kürbisinnere, mit Öl beträufeln. Mit Salz und Pfeffer würzen und etwas Fenchelgrün darüberstreuen, falls vorhanden. Den Bräter 45 bis 60 Minuten in den Ofen stellen, bis der Kürbis und auch der Fenchel weich sind. Sollte der Fenchel zu viel Farbe anzunehmen beginnen, den Bräter mit Alufolie abdecken.

Währenddessen die Graupen in einen Topf geben, mit Wasser bedecken und bei mittlerer Hitze 25 bis 30 Minuten köcheln lassen, bis sie weich sind, aber immer noch Biss haben. Gut abtropfen lassen und in eine große Schüssel umfüllen. Den Bräter aus dem Ofen nehmen und den gebratenen Fenchel zu den Graupen geben. Cheddar, Butter und Knoblauch hinzufügen. Alles kräftig salzen und pfeffern, gut verrühren und die Graupenmischung zu gleichen Teilen in die gebratenen Kürbisse füllen. Die Kürbisse in den Bräter setzen und ohne Kürbisdeckel 8 bis 10 Minuten im Ofen erwärmen. Danach die Kürbisdeckel aufsetzen und sofort mit saurer Sahne und grünem Salat servieren.

In Butter geröstete Gerstenflocken und Lauch

Knusprige, buttrige Gerstenflocken heben diese einfache Variante einer Lauch-Vinaigrette auf ein ganz neues Niveau. Um daraus ein feines Mittagessen für zwei oder eine leichte Vorspeise für vier Personen zu machen, fehlt eigentlich nur noch ein gutes Brot. Abgesehen davon, passen auch ein Zitronenbrathähnchen oder frisch gegrillter Fisch wunderbar dazu.

FÜR 2 PERSONEN ALS MITTAGESSEN ODER FÜR 4 PERSONEN ALS VORSPEISE

2 TL Dijon-Senf

1 TL flüssiger Honig

2 EL Olivenöl extra vergine

2 Stück Butter (à ca. 50 g)

50 g Gerstenflocken

1 kleine Knoblauchzehe, zerdrückt

4 kleine Stangen Lauch, geputzt

5–6 Zweige Thymian

1 Lorbeerblatt

Salz und frisch gemahlener schwarzer Pfeffer

Für das Dressing Senf, Honig und Olivenöl mit etwas Salz und Pfeffer in einer kleinen Schüssel verrühren und beiseitestellen.

Die Hälfte der Butter in einer großen, schweren Pfanne bei mittlerer Hitze zerlassen, bis sie sanft aufschäumt. Die Gerstenflocken mit reichlich Salz und Pfeffer zugeben. Die Flocken unter Rühren gleichmäßig mit Butter überziehen. Den Knoblauch hinzufügen und alles unter Rütteln der Pfanne 6 bis 8 Minuten braten, damit die Flocken gleichmäßig geröstet werden und ihr Aroma entfalten.

Die Flocken mit einem Schaumlöffel oder Spatel aus der heißen Butter auf einen mit Küchenpapier belegten Teller geben.

Das dunkle Grün der Lauchstangen größtenteils wegschneiden (für eine Gemüsebrühe aufbewahren) und die Stangen in etwa 2,5 Zentimeter lange, leicht angeschrägte Stücke schneiden. In reichlich kaltem Wasser waschen, jedoch darauf achten, dass die Stücke nicht zu sehr zerfallen.

Die Lauchstücke abgießen und in eine flache Pfanne legen. Die restliche Butter, die Thymianzweige und das Lorbeerblatt mit etwa 60 Milliliter Wasser hinzufügen und kräftig salzen und pfeffern. Einen Deckel auflegen und den Inhalt bei mittlerer Hitze sanft aufkochen lassen. Danach 6 bis 8 Minuten weiterkochen, bis der Lauch weich ist. Durch ein Sieb abgießen und ein wenig darin abkühlen lassen. Den abgekühlten Lauch auf einer großen Servierplatte anrichten. Die gerösteten Gerstenflocken darüberstreuen. Mit dem Dressing beträufeln und sofort servieren.

Gegrillter Mais mit Thymian, roten Zwiebeln und Maispüree

Gegrillt ist Mais köstlich: Die glühende Holzkohle überzieht die Maiskörner mit Blasen. Die Blasen kohlen an, werden zuckersüß und bringen ihr volles Aromen zur Geltung – und das Maisgelb wird noch ein wenig gelber. Hier serviere ich neben den gegrilltem Maiskolben ein Püree aus den vom Kolben geschnittenen Körnern. Das Maispüree könnte nicht unterschiedlicher zu den gegrillten Maiskörnern sein. Es ist sagenhaft gut: Die in Butter und Öl gedünsteten Zwiebeln geben ihm Körper, die Brühe sorgt für Lockerheit. Als kleine Zugabe lege ich rote Zwiebeln gleichzeitig mit den Maiskolben auf den Grill. Sie verbrennen hier und da und verbreiten einen zartbitteren Duft.

FÜR 4 PERSONEN

1 großes Stück Butter (ca. 100 g)

1 EL Olivenöl extra vergine, plus etwas mehr Öl zum Beträufeln

1 Zwiebel, in dünne Ringe geschnitten

2 Zweige Thymian, die Blätter abgezupft

6 Maiskolben, die papierenen Hüllblätter entfernt

ca. 400 ml Gemüse- oder Hühnerbrühe (Seite 58)

2 rote Zwiebeln, geviertelt, mit Schale und Wurzelansatz

Salz und frisch gemahlener schwarzer Pfeffer

AUSSERDEM

einen Holzkohlegrill und Grillkohle

Butter und Öl in einem mittelgroßen, schweren Topf schwach erhitzen, bis das Fett aufschäumt. Zwiebelringe, Thymianblätter und etwas Salz und Pfeffer zugeben. Die Hitzezufuhr reduzieren und alles unter regelmäßigem Rühren etwa 15 Minuten sanft köcheln, bis die Zwiebel weich ist. Die Körner von zwei Maiskolben mit einem scharfen Messer abschaben und zu den Zwiebelringen geben. Die Brühe angießen.

Die Brühe 25 Minuten köcheln lassen, bis sie um etwa die Hälfte reduziert und der Mais gar ist. Die weichen Körner in eine Schüssel umfüllen und mit einem Stabmixer glatt pürieren. Das Püree abschmecken und bei Bedarf mit Salz und Pfeffer nachwürzen.

Den Grill anheizen oder eine Grillpfanne mittelstark erhitzen. Da die Zwiebelviertel und der Mais durchgaren müssen, darf der Grill oder die Pfanne nicht zu heiß sein. Der Grill ist startklar, wenn man die Hand nur 1 bis 2 Sekunden über den Grillrost halten kann.

Die Zwiebelviertel mit den restlichen Maiskolben auf ein Blech legen, salzen und pfeffern und mit etwas Öl beträufeln. Danach die Kolben und Zwiebeln auf den Grillrost oder in die Grillpfanne geben. Unter regelmäßigem Wenden 25 bis 30 Minuten grillen, bis der Mais und die Zwiebeln weich und mit Blasen überzogen sind. Vom Grill nehmen und auf einem Teller beiseitestellen.

Zum Servieren etwas Maispüree auf jeden Teller geben und je einen gegrillten Maiskolben und einige Zwiebelspalten hinzufügen. Sofort mit gutem Brot servieren.

Polenta mit gebratener Hachse und Petersilie

Sollten Sie Polenta nicht kennen, dann probieren Sie dieses Rezept. Traditionell wird Polenta »locker« oder »weich« gegessen, das heißt, sie kommt wie ein Brei oder ein dickes Püree auf den Teller. Dieses Rezept hält sich ganz an die Tradition. Die lockere Polenta wird mit Fleisch serviert. Für mich ist dieses Gericht vom ersten bis zum letzten Bissen ein wahres Gedicht!

FÜR 4 PERSONEN

- 1 Schweinshachse (1–1,5 kg)
- 1 Zwiebel, halbiert
- 1 Karotte
- 1 kleine Knoblauchknolle, quer halbiert
- 1 Bund Petersilie, die Blätter abgezupft und gehackt, die Stiele zurückbehalten
- 4 Zweige Thymian
- 4 Lorbeerblätter
- 1 TL Pfefferkörner
- 2 EL brauner Zucker
- 2 EL Dijon-Senf
- 1 Bund Salbei, die Blätter abgezupft
- 150 g Polenta
- 50 g harter Schafskäse oder Cheddar, gerieben
- 1 Stück Butter (ca. 50 g)
- Salz und frisch gemahlener schwarzer Pfeffer

Die Schweinshachse waschen, in einen großen, schweren Topf geben und mit Wasser bedecken. Zwiebelhälften, ganze Karotte, Knoblauchhälften, Petersilienstiele, Thymianzweige, Lorbeerblätter und Pfefferkörner zugeben und alles mittelstark erhitzen. Wenn es zu kochen beginnt, die Hitzezufuhr stark reduzieren und das Fleisch offen etwa 3 Stunden köcheln lassen, bis es weich ist und sich leicht vom Knochen löst. Immer wieder den Schaum von der Oberfläche abschöpfen.

Den Backofen auf 180 °C vorheizen. Die Schweinshachse in einen kleinen Bräter geben. Die Brühe zurückbehalten. Wenn das Fleisch abgekühlt ist, die weiche Haut abziehen und unter das Fleisch legen. Zucker und Senf verrühren und über das Fleisch verteilen. Die Salbeiblätter darüberstreuen. Das Fleisch 25 bis 30 Minuten im Ofen braten, bis es Blasen wirft und karamellisiert. Aus dem Ofen nehmen und warm halten.

Die Brühe durch ein feines Sieb in eine Schüssel gießen. Mit der Rückseite eines Löffels möglichst viel von dem aromatischen Gemüse in die Brühe drücken. In einem großen Topf mit schwerem Boden 750 bis 800 Milliliter Brühe sanft aufkócheln lassen. Die Polenta langsamen unter Rühren einrieseln lassen. Sie dickt schnell ein, muss aber 6 bis 8 Minuten sanft köcheln, bis sie durchgegart ist. Wenn die Masse zu dick wird, etwas Brühe angießen. Käse, Butter und die gehackte Petersilie unterrühren und bei Bedarf mit Salz und Pfeffer nachwürzen.

Die Polenta gleichmäßig auf vier Tellern anrichten. Zerpflücktes Hachsenfleisch auf der Polenta dekorativ verteilen. Mit etwas Bratensaft begießen und das Gericht sofort servieren.

Zuckermais in Räucherfischsuppe mit weich gekochten Eiern und Koriander

Ich habe mal eine Räucherfischsuppe in Connemara an der Westküste Irlands gegessen. Von meinem Platz in dem kleinen Pub am Strand war das wilde Rauschen des Atlantiks zu hören. Den Geschmack und die Einfachheit dieser Suppe werde ich nie vergessen… dieses Aroma von rauchiger Eiche und Sahne, die besondere Konsistenz und Wärme. Zuckermais und großzügige Stücke von geräuchertem Fisch waren die Zutaten in dieser Suppe – und viel Spinat. Obwohl ich die Suppe nie so nachkochen konnte, ist dieses Rezept von jenem Lunch in Connemara inspiriert. Sparen Sie nicht mit dem Mais! Er bringt eine Süße, die wundervoll zum salzigen Räucherfisch passt. Wenn Sie Koriander so gern mögen wie ich, geben Sie eine frisch gehackte Handvoll hinzu. Und schon schlägt die Suppe geschmacklich eine völlig neue Richtung ein.

FÜR 4 PERSONEN

4 Eier (auf Zimmertemperatur erwärmt)

1 Stück Butter (ca. 50 g)

1 EL Olivenöl extra vergine

1 Stange Lauch, geputzt und in dünne Scheiben geschnitten

2 Knoblauchzehen, geschält und in Scheiben geschnitten

1 großer oder 2 kleine Maiskolben

400 ml Gemüsebrühe oder Fischfond

150 ml Crème double

200 g naturgeräucherter Schellfisch oder Seelachs, enthäutet, entgrätet und in Scheiben geschnitten

1 großes Bund Koriander, grob gehackt; einige ganze Blätter zum Servieren zurückbehalten

Salz und frisch gemahlener schwarzer Pfeffer

Wasser in einem kleinen Topf aufkochen und die Eier darin 6 bis 7 Minuten kochen, sodass die Eidotter weich, aber nicht mehr flüssig sind. Den Topf vom Herd nehmen und das heiße Wasser abgießen. Eier mit kaltem Wasser abschrecken und beiseitestellen.

Die Butter mit dem Öl in einem Topf mit schwerem Boden mittelstark erhitzen. Sobald das Fett aufschäumt, Lauch und Knoblauch zugeben und 10 bis 12 Minuten sanft dünsten, bis beides weich ist, aber noch keine Farbe angenommen hat. Die Maiskörner mit einem scharfen Messer vom Kolben (oder den Kolben) schaben und zusammen mit der Brühe oder dem Fond in den Topf geben. Alles aufkochen und 10 bis 12 Minuten weiterköcheln lassen. Die Crème double hinzufügen und das Ganze kurz aufköcheln lassen. Den Fisch und den gehackten Koriander zugeben. Weitere 2 bis 3 Minuten köcheln lassen, bis der Fisch leicht gegart ist. Den Topf vom Herd nehmen, abschmecken und bei Bedarf mit Salz und Pfeffer nachwürzen.

Die Eier schälen und halbieren. Eierhälften mit der Schnittfläche nach oben in die Suppe legen und 1 bis 2 Minuten erwärmen.

Die Suppe auf vier Schalen mit je zwei Eierhälften verteilen. Zum Schluss mit den frischen Korianderblättern bestreuen und sofort servieren.

Wald

Wald | Üppige Bäume. Wir stehen unter eurem Blätterdach – perfekte Architektur. Ihr seid alt, aber dennoch flüchtig wie Wasser, die Dunkelheit oder das Nichts. In euch ist Tiefe, Leben, Himmel, selbst wenn ihr tot seid. Dann das Smaragdgrün und das rötliche Laub. Weite und ständiger Wandel. Bäume überdauern die Zeiten; abgestorbenes Holz (Holzknochen), Mulch und eine Million von Farbtönen. Feucht und weich, ein sicheres Heim. Ihr Bäume atmet, wogt, seid Ernte für mich. Unsichtbar gesät; so stark sind die Wurzeln, so zerbrechlich die jungen Triebe. Feste, Feuer und Früchte.

Pilze

Fasan

Haselnüsse

Brombeeren

Holzäpfel

Steinpilze mit Topinambur und Schnittlauch

Dieses Essen gehört mit zu meinen absoluten Favoriten. Es schmeckt ganz nach Herbstwald. Dieses Empfinden (vielleicht wurde es bei mir durch die Menge des konsumierten Apfelweins noch verstärkt) ist für mich der schlagende Beweis für gute Zutaten und einfache, pure Küche. Sollten Sie von August bis November beim Pilzesammeln keine Steinpilze finden, dann gibt es Alternativen: Ein Ersatz wären zum Beispiel feste, kultivierte Egerlinge.

FÜR 2 PERSONEN

6–8 Topinamburknollen (ca. 350 g), geschält, die Schalen zurückbehalten

2 Knoblauchzehen, in der Schale angedrückt

4 Zweige Thymian

3 EL Olivenöl extra vergine

1 Stück Butter (ca. 50 g)

Sonnenblumenöl zum Frittieren

2 frische große Steinpilze, geputzt und in 1 cm dicke Scheiben geschnitten, ersatzweise 4–6 frische Egerlinge, geputzt und in Scheiben geschnitten

1 kleines Bund Schnittlauch, in feine Röllchen geschnitten

Salz und frisch gemahlener schwarzer Pfeffer

Den Backofen auf 180 °C vorheizen.

Die Topinamburknollen in etwa 3 Zentimeter große Würfel schneiden. Mit Knoblauchzehen, Thymianzweigen und 2 Esslöffel Olivenöl in einen Bräter geben. Kräftig mit Salz und Pfeffer würzen. In den Ofen stellen und etwa 1 Stunde braten, bis die Topinamburwürfel weich und karamellisiert sind. Zwischendurch ein- oder zweimal umrühren. Den weichen Knoblauch aus der Schale drücken und mit den gerösteten Topinamburwürfeln, der Butter und etwas Wasser in einen Mixer geben und zu einem glatten Püree verarbeiten. Mit Salz und Pfeffer abschmecken und warm halten.

Die Topinamburschalen waschen, abtropfen lassen und trocken tupfen (sie müssen zum Frittieren vollständig trocken sein). In einem mittelgroßen Topf 2 bis 3 Zentimeter Sonnenblumenöl erhitzen. Wenn es heiß ist (wenn ein Brotwürfel in 30 Sekunden darin braun wird), die Schalen portionsweise 1 bis 1½ Minuten frittieren, bis sie knusprig goldbraun sind. Nicht zu dunkel werden lassen, sonst schmecken sie bitter. Auf Küchenpapier abtropfen lassen. Salzen und beiseitestellen.

Das restliche Olivenöl in einer großen Pfanne auf dem Herd mittelstark erhitzen. Die Steinpilzscheiben mit Salz und Pfeffer würzen und von jeder Seite darin 2 bis 3 Minuten braten, bis sie etwas Farbe angenommen haben. Die Pfanne vom Herd nehmen und die Hälfte der Schnittlauchröllchen unterrühren.

Das Topinamburpüree auf zwei Teller verteilen. Die Steinpilze rundherum anrichten und darüber die knusprigen Schalen mit den restlichen Schnittlauchröllchen streuen. Sofort servieren.

Bovist mit Speck, Petersilie und Knoblauch

Halten Sie im Spätsommer und Frühherbst Ausschau nach Riesenbovisten. Wenn sie jung und fest sind und nicht mehr als etwa 25 Zentimeter Durchmesser haben, schmecken sie am besten. Ein solcher Bovist ergibt eine Mahlzeit für mindestens vier Personen. Sollten Sie also gleich über mehrere dieser großen Pilze stolpern, müssen Sie nicht alle abernten. Riesenboviste sind kaum zu übersehen, denn sie stehen mitten im grünen Gras wie weiße Fußbälle. Ich mag diesen ungewöhnlichen Pilz. Als Kinder haben wir die älteren, verschrumpelten Exemplare zertreten, wobei dann eine regelrechte Wolke von Sporen aufstieg. In der Küche verarbeite ich Boviste ganz traditionell: Die dünne Haut schäle ich ab, den Rest schneide ich in dicke Scheiben und brate sie in Butter an. Manchmal hülle ich die Scheiben noch in eine knusprige Panade aus verquirltem Ei und Haferflocken. In diesem Rezept wird der Bovist wie ein Steak gebraten: in der Grillpfanne, mit Speck, Knoblauch und Petersilie – das ideale Frühstück für Pilzsammler.

FÜR 2 PERSONEN

2 große, dicke Scheiben von einem Riesenbovist *(Clavatia gigantea)* oder einige Scheiben von einer anderen Bovistart, wie dem Dickschaligen Kartoffelbovist *(Scleroderma citrinum)* oder dem Flaschen-Stäubling *(Lycoperdon perlatum)*

1 EL Olivenöl extra vergine

4 dicke Scheiben durchwachsener Speck

2–4 Knoblauchzehen, zerdrückt

3–4 Zweige Thymian

1 Stück Butter (ca. 50 g)

1 kleines Bund glatte Petersilie, die Blätter abgezupft und gehackt

Salz und frisch gemahlener schwarzer Pfeffer

AUSSERDEM

eine Grillpfanne mit erhöhten Grillstegen

Die Grillpfanne auf dem Herd stark erhitzen. Während sie heiß wird, die Außenhaut der Bovistscheiben abziehen oder wegschneiden. (Die Haut des Bovists ist zwar sehr dünn, aber schwer verdaulich.) Die Bovistscheiben mit dem Olivenöl bestreichen und kräftig salzen und pfeffern.

Wenn die Grillpfanne sehr heiß ist, die vorbereiteten Pilze hineinlegen. Speck, Knoblauchzehen und Thymianzweige zugeben und 3 bis 4 Minuten braten, bis sich Grillstreifen von der Pfanne an den Unterseiten der Pilzscheiben abzeichnen. Die Scheiben wenden und weitere 3 bis 4 Minuten braten, damit der gleiche Effekt auf der anderen Seite entsteht. Den Speck während des gesamten Bratvorgangs drei- bis viermal wenden, bis er vollkommen gar und schön kross ist.

Die Pfanne vom Herd nehmen. Die Butter und die gehackte Petersilie zugeben. Den Speck und die Bovistscheiben in der zerlaufenen Butter wenden. Alles gleichmäßig auf zwei Teller verteilen und sofort servieren.

Gebratene Semmelstoppelpilze auf Toast mit Petersilie und Knoblauch

Dank meines Freundes Johan kenne ich einige Plätze, wo dieser köstliche Waldpilz von August bis in den November hinein zu finden ist. Er scheint bevorzugt auf weichen, beschatteten Böden immergrüner Wälder zu gedeihen und auf von Bäumen gesäumten Hochufern. Eigentlich ist dieser weitverbreitete Speisepilz kaum zu verwechseln: Sein meist hellgelber, matter Hut ist unregelmäßig geformt und hat als einziger Waldpilz an der Unterseite Stacheln statt Lamellen.

FÜR 2 PERSONEN

250–300 g frische Semmelstoppelpilze *(Hydnum repandum)*

2 Scheiben Sauerteig- oder anderes Brot guter Qualität

1 großes Stück Butter (ca. 100 g), plus etwa mehr Butter für das Bestreichen der Toastbrote

1 EL Olivenöl extra vergine

1 Knoblauchzehe, geschält und in dünne Scheiben geschnitten

1 kleines Bund glatte Petersilie, die Blätter abgezupft und gehackt

Salz und frisch gemahlener schwarzer Pfeffer

Zuerst die Pilze putzen. Dazu anhaftenden Schmutz jeweils unten am Pilz abschneiden und Hut und Stiel mit einer weichen Bürste von Erd- und Sandresten sowie Blättchen befreien. (Pilze nicht waschen, es sei denn, es ist unbedingt nötig!)

Die Brotscheiben toasten und mit Butter bestreichen. Das Öl in einer großen, schweren Pfanne stark erhitzen. Die Semmelstoppelpilze in das heiße Öl geben, salzen und pfeffern. Da sie einen hohen Wassergehalt haben, die Pilze unter gelegentlichem Rühren 3 bis 4 Minuten braten, bis das Wasser verdampft ist. Pilze in der Pfanne zur Seite schieben und die Butter an den freien Platz geben. Wenn sie aufschäumt, den Knoblauch zugeben und etwa 1 Minute mitdünsten, damit er etwas weich wird. Danach alles miteinander vermengen.

Die gehackten Petersilienblätter hinzufügen und alles noch einmal durchmischen. Die Pilze auf den beiden Toastscheiben verteilen und sofort servieren.

Gebratener Fasan mit Kürbis, Salbei und Haselnüssen

Dieses Rezept und die beiden folgenden Rezepte schmecken auch sehr gut mit Hähnchen oder Kaninchen. Als erste Wahl schlage ich jedoch Fasan vor. Fasanenfleisch ist heutzutage relativ einfach zu bekommen. Wenn man es nicht direkt von einem Jäger bezieht, kann man es beim Wildhändler oder in Feinkostläden bestellen. Allen, die unkomplizierte Zubereitungsarten lieben, empfehle ich dieses schlichte, köstliche Gericht, das ich liebend gern mit einem Freund bei einer guten Flasche Rotwein mit fettigen Fingern direkt aus dem Bräter esse. Das Fleisch des Fasans ist mager und überraschend zart. Da Kürbis, Salbei und Nüsse ideal zu diesem Wildgeflügel passen, ergibt alles zusammen das ultimative Herbstgericht.

FÜR 2 PERSONEN ALS VORSPEISE

2 dicke Schnitze Butternusskürbis (à ca. 250 g), entkernt und geschält (nach Belieben)

4 Fasanenschenkel, ersatzweise 2 Hähnchenschenkel oder ein kleines Kaninchen, küchenfertig und in Stücke geschnitten

1 große Knoblauchknolle, quer halbiert

1 Handvoll Salbeiblätter

2 Lorbeerblätter

1 Handvoll ganze Haselnusskerne

2 EL Olivenöl extra vergine

Salz und frisch gemahlener schwarzer Pfeffer

Den Backofen auf 190 °C vorheizen.

Die Kürbisschnitze in einen Bräter legen und die Teile vom Fasan bzw. Hähnchen oder Kaninchen rundherum anordnen. Knoblauchhälften, Salbei- und Lorbeerblätter dazwischenstecken und die Nüsse darüberstreuen. Mit Olivenöl beträufeln und alles kräftig salzen und pfeffern.

Den Bräter in den Ofen stellen und das Ganze 45 bis 60 Minuten braten, bis der Kürbis gar und das Fleisch weich ist. Die Teile während der gesamten Bratzeit einmal wenden. Den Bräter aus dem Ofen nehmen und das Fleisch 4 bis 5 Minuten ruhen lassen.

Das Fleisch und den Kürbis mit einigen der zart gerösteten Knoblauchzehen auf zwei Teller verteilen. Sofort servieren (oder den Bräter auf den Tisch stellen und gleich daraus essen).

Fasan mit Blumenkohlpüree und Kapern

Das zarte Fasanenfleisch koche ich mit Zwiebeln, Karotten, Staudensellerie und Kräutern sehr sanft und so lange, bis es vom Knochen fällt. Dann zerpflücke ich es und brate es scharf mit Knoblauch, Rosmarin und salzigen Kapern an, damit es knusprig wird und an den Rändern karamellisiert – zugegeben, eine etwas unsanfte Behandlung dieses unterschätzten Wildbrets.

FÜR 4 PERSONEN

- 4 Fasanenschenkel, ersatzweise 2 Hähnchenschenkel oder ein kleines Kaninchen, küchenfertig und in Stücke geschnitten
- 2 Zwiebeln
- 1 Karotte, geschält und grob gehackt
- 1 Stange Staudensellerie, geputzt und grob gehackt
- 2 Lorbeerblätter
- 2 Zweige Thymian
- 1 Stück Butter (ca. 50 g)
- 2 EL Olivenöl extra vergine, plus etwas mehr Öl zum Beträufeln
- ½ Kopf Blumenkohl (ca. 400 g), die äußeren Hüllblätter entfernt und ohne Strunk
- 2 Zweige Rosmarin, zerpflückt
- 3–4 TL in Salzlake eingelegte Kapern, mit Wasser abgespült und abgetropft
- 1 Knoblauchzehe, geschält und in sehr dünne Scheiben geschnitten
- Salz und frisch gemahlener schwarzer Pfeffer
- 4 Scheiben getoastetes Landbrot bester Qualität zum Servieren

Die Teile vom Fasan bzw. Hähnchen oder Kaninchen dicht nebeneinander in einer Lage in einen mittelgroßen Topf schichten. Eine Zwiebel grob hacken und mit Karotte, Staudensellerie, Lorbeerblättern und Thymianzweigen zugeben. Mit Wasser bedecken und alles bei starker Hitze aufkochen. Die Hitzezufuhr reduzieren und ohne Deckel etwa 2 Stunden sanft köcheln lassen, bis das Fleisch von den Knochen fällt. Gelegentlich den Schaum abschöpfen. Wenn das Fleisch gar ist, den Kochsud durch ein Sieb in eine Schüssel gießen und beiseitestellen. Das Gemüse entsorgen. Das Fleisch abkühlen lassen.

Die andere Zwiebel fein hacken. Die Butter mit der Hälfte des Öls in einem Topf bei mittlerer Hitze zerlassen. Wenn das Fett aufschäumt, die Zwiebelwürfel zugeben und 4 bis 5 Minuten sanft darin dünsten, bis sie weich sind, aber noch keine Farbe angenommen haben. Währenddessen die Blumenkohlröschen nochmals grob teilen. In den Topf geben und 150 Milliliter von dem zurückbehaltenen Kochsud angießen. Bei geschlossenem Deckel 4 bis 5 Minuten kochen, bis der Blumenkohl weich ist. Danach in einen Mixer geben und zu einem glatten, samtigen Püree schlagen. Mit Salz und Pfeffer würzen und warm halten.

Das Fleisch vom Knochen lösen und in größere Stücke zerteilen. Das restliches Öl in einer Pfanne stark erhitzen und darin das Fleisch 3 bis 4 Minuten braten, bis es an den Rändern knusprig zu werden beginnt. Den Rosmarin darüberstreuen und die Kapern und den Knoblauch unterrühren. Mit Salz und Pfeffer würzen und unter regelmäßigem Rühren 3 bis 4 Minuten weiterbraten, bis das Fleisch karamellisiert. Die Pfanne vom Herd nehmen.

Auf jeden Teller eine getoastete Brotscheibe legen und mit etwas Öl beträufeln. Das Blumenkohlpüree darauf verteilen. Mit dem Fleisch garnieren und sofort servieren.

Kartoffelrösti mit Fasan und Rosmarin

An einem stürmischen Strand auf der Insel Islay bei Schottland habe ich mal ähnlich leckere Kartoffelrösti mit wilden Austern gekocht. Aber das ist eine andere Geschichte. Ich mag diese Rösti, weil sie besonders schmecken. Wahrscheinlich liegt es an dem zarten Fasanenfleisch, das sich aber durch Hähnchen oder Kaninchen gut ersetzen lässt. Verwenden Sie bei der Zubereitung dieses All-in-one-Abendessens eine beschichtete Pfanne. Es macht alles einfacher.

FÜR 2 PERSONEN

4 Fasanenschenkel, ersatzweise 2 Hähnchenschenkel oder 1 kleines Kaninchen, küchenfertig und in Stücke geschnitten

2 Kartoffeln (ca. 400 g) einer weißen, mehligkochenden Sorte, geschält und grob gerieben

2 Zweige Rosmarin, grob zerpflückt

2 EL Olivenöl extra vergine

Salz und frisch gemahlener schwarzer Pfeffer

2 Spiegeleier zum Servieren (nach Belieben)

Blattsalat zum Servieren (nach Belieben)

Das Fleisch mit einem scharfen Messer von den Knochen lösen und auf einem Brett in 3 bis 5 Millimeter kleine Stücke hacken, sodass eine Art grobes Hackfleisch entsteht. Beiseitestellen.

Aus den geriebenen Kartoffeln möglichst viel stärkehaltige Flüssigkeit pressen. Dazu jeweils eine kleine Menge kräftig mit der Hand ausdrücken und die Flüssigkeit ablaufen lassen. Die Kartoffelmasse mit dem gehackten Fleisch in eine Schüssel geben und die zerpflückten Rosmarinzweige hinzufügen. Die Masse kräftig salzen und pfeffern und mit den Händen gut vermengen.

Das Olivenöl in einer beschichteten Pfanne mittelstark erhitzen. Die Kartoffel-Hack-Mischung in einer gleichmäßigen Schicht in der Pfanne verteilen und mit der Rückseite eines Spatels leicht andrücken, damit eine glatte, ebene Oberfläche entsteht.

Sobald die gleichmäßig flach geformte Rösti hörbar zu zischen beginnt, die Hitzezufuhr reduzieren und 12 bis 15 Minuten weiterrösten. Gelegentlich mit einem Spatel an den Pfannenboden drücken, bis die Unterseite der Rösti etwas Farbe angenommen hat. (Zum Kontrollieren vorsichtig mit dem Spatel anheben.) Wenn das der Fall ist, die Rösti vorsichtig im Ganzen wenden; am besten aus der Pfanne auf einen Teller stürzen und vom Teller in die Pfanne zurückgleiten lassen.

Von der anderen Seite 12 bis 15 Minuten knusprig braun braten und die Rösti auf einen Teller stürzen. Mit einem Spiegelei und/oder einem Salat mit pikantem Dressing servieren.

GELINGT AUCH MIT | Lamm

Haselnuss-Pflaumen-Schoko-Kuchen

Dieser Kuchen ist ein gelungener Abschluss für ein gutes Mittagessen am Wochenende. Besonders köstlich ist die Kombination aus Nuss, Schokolade, Creme und saftigen Früchten.

FÜR 10 BIS 12 PERSONEN

100 g saftige, entsteinte Pflaumen, die großen halbiert

50 g Zartbitter-Schokotropfen (mind. 70 % Kakaoanteil)

100 g Haselnusskerne, geschält und grob gehackt

1 Handvoll kernige Haferflocken zum Bestreuen

3 EL Calvados

FÜR DEN MÜRBETEIG

90 g Puderzucker

340 g Mehl, plus etwas mehr Mehl zum Bestäuben

170 g Butter, gewürfelt und gekühlt, plus etwas mehr Butter zum Einfetten

1 Ei

2 EL Eiswasser

FÜR DEN KARAMELL

50 g Muscovado-Zucker

1 kleines Stück Butter (ca. 25 g)

125 ml Crème double

1 Prise feines Meersalz

FÜR DIE HASELNUSSCREME

75 g Butter

75 g Muscovado-Zucker

2 Eier, verquirlt

75 g gemahlene Haselnusskerne

AUSSERDEM

eine Tarteform mit abnehmbarem Boden (⌀ 25 cm) oder eine Springform

Hülsenfrüchte zum Blindbacken

Für den Mürbeteig Puderzucker und Mehl in einer Schüssel mischen. Die Butterwürfel einarbeiten, dann Ei und Eiswasser zugeben und alles gründlich verrühren. Den Teig auf einer Arbeitsfläche mit den Händen leicht kneten, damit er geschmeidig wird. Zu einer Kugel formen und in Frischhaltefolie verpackt mindestens 30 Minuten im Kühlschrank ruhen lassen.

Den Backofen auf 180 °C vorheizen. Den Teig auf einer leicht bemehlten Arbeitsfläche dünn ausrollen. Die Form einfetten und mit Mehl bestäuben. Die Teigplatte hineinlegen, andrücken und die Ränder überstehen lassen. Zum Blindbacken den Teig mit Backpapier und Hülsenfrüchten belegen und 25 Minuten vorbacken, danach Hülsenfrüchte und Backpapier entfernen. Überstehenden Teig wegschneiden und den Boden weitere 10 Minuten backen, bis er Farbe annimmt. Aus dem Ofen nehmen und beiseitestellen.

Für den Karamell eine kleine Pfanne mittelstark erhitzen und darin den Zucker mit 1 Esslöffel Wasser aufkochen. Dabei die Pfanne immer wieder schwenken, damit sich der Zucker auflöst und karamellisiert. Sobald er eine nussbraun-goldene Farbe angenommen hat, die Pfanne vom Herd nehmen. Unter ständigem Rühren erst die Butter, dann die Crème double zugeben und 1 bis 2 Minuten rühren, bis eine glatte Sauce entsteht. Leicht salzen und abkühlen lassen.

Für die Haselnusscreme Butter und Zucker schaumig rühren. Eier und gemahlene Nüsse hinzufügen und alles gründlich vermengen. Den Karamell auf dem Mürbeteigboden verstreichen und darüber die Haselnusscreme verteilen. Die Pflaumen, Schokotropfen und grob gehackten Nüsse darübergeben und mit den Haferflocken garnieren. Im Ofen 12 bis 15 Minuten backen, bis die Masse fest ist. Den Kuchen aus dem Ofen nehmen und 15 bis 20 Minuten abkühlen lassen. Mit Schlagsahne oder Eis servieren.

Haselnuss-Sellerie-Suppe mit Grünkohl, Petersilie und Olivenöl

Haselnüsse geben dieser herrlichen Suppe eine unerwartete Note. Das frische, zarte Nussaroma passt ausgezeichnet zum robusten Grünkohl und dem erdigen Knollensellerie. Wenn Sie für diese Suppe selbst gemachte Hühnerbrühe verwenden, sollten Sie darauf achten, dass sie kräftig abgeschmeckt wird. Das garantiert die erstaunlichsten Ergebnisse. Ich lege gern noch etwas geröstetes Sauerteigbrot oder anderes gutes Landbrot in die Suppe, bevor ich sie serviere.

FÜR 4 PERSONEN

4 EL Olivenöl extra vergine, plus etwas mehr Öl zum Beträufeln

400 g Knollensellerie, geputzt, geschält und in 2 cm große Würfel geschnitten

1 Zwiebel, fein gewürfelt

3–4 Zweige Thymian

50 g Haselnusskerne, geschält und grob gehackt

2 Knoblauchzehen, geschält und gerieben, plus 1 Zehe, halbiert, zum Einreiben

4–6 Salbeiblätter, zerpflückt

1 l Hühnerbrühe bester Qualität (Seite 58) oder Gemüsebrühe

1 kleines Bund Grün- oder Palmkohl (ca. 75 g), geputzt, ohne Strunk, die Blätter grob gehackt

1 Bund glatte Petersilie, fein gehackt

Salz und frisch gemahlener schwarzer Pfeffer

getoastetes oder gegrilltes Brot zum Servieren

Meersalzflocken

Das Öl in einem großen Topf mit schwerem Boden mittelstark erhitzen. Sellerie-, Zwiebelwürfel und Thymianzweige zugeben und unter regelmäßigem Rühren 5 bis 6 Minuten dünsten, bis die Zwiebel weich ist, aber noch keine Farbe angenommen hat. Salzen und pfeffern. Gehackte Haselnusskerne, geriebenen Knoblauch und zerpflückte Salbeiblätter hinzufügen und alle Zutaten gründlich verrühren. Das Ganze weitere 1 bis 2 Minuten dünsten. Die Brühe angießen und aufkochen.

Die Suppe 8 bis 10 Minuten sanft weiterköcheln lassen, bis die Selleriewürfel weich sind. Den Kohl hinzufügen und alles erneut aufkochen. Weitere 10 Minuten köcheln lassen, bis auch der Kohl weich ist. Die Suppe vom Herd nehmen. Gehackte Petersilie hineinstreuen und kräftig mit Salz und Pfeffer würzen.

Die Suppe auf Schalen verteilen und mit geröstetem oder gegrilltem Brot servieren. Das Brot wird mit dem Knoblauch eingerieben, mit Meersalzflocken bestreut und mit Öl beträufelt.

Haselnuss-Joghurt-Kuchen mit »Wabe«

Dieser ungewöhnliche Kuchen wird mit Joghurt und ganz wenig Mehl gebacken. Feine Fruchtigkeit verleiht ihm das Aroma der Orange – und im Herbst liefern Haselnüsse und eine knusprige »Bienenwabe« *(Honeycomb)* Konsistenz, Kontrast und eine intensive, erdige Süße. Die »Wabe« können Sie auch weglassen, wenn sie Ihnen zu süß sein sollte.

FÜR 8 PERSONEN

FÜR DIE »WABE«
- etwas Sonnenblumenöl zum Einfetten
- 75 g Muscovado-Zucker
- 1 kleine Prise feines Meersalz
- 1 TL Natron

FÜR DEN KUCHEN
- Butter zum Einfetten
- 4 Eier, getrennt
- 85 g Muscovado-Zucker
- 500 g Naturjoghurt
- fein abgeriebene Schale von ½ unbehandelten Orange
- 35 g Mehl
- 100 g Haselnusskerne, geschält und grob gehackt

AUSSERDEM
- evtl. eine Silikonmatte
- eine Springform (ø 20 cm)
- eine Küchenmaschine

Für die Herstellung der »Wabe« eine Silikonmatte oder ein leicht eingefettetes Backpapier auf ein Backblech legen. Den Zucker mit dem Meersalz in einer kleinen, beschichteten Pfanne bei mittlerer Hitze 6 bis 8 Minuten erwärmen, bis der Zucker geschmolzen und noch sehr hell ist. Der Schmelzvorgang wird durch gelegentliches leichtes Rütteln der Pfanne beschleunigt. Vorsicht: Der Zucker darf nicht anbrennen, sonst schmeckt er bitter!

Sobald der gesamte Zucker geschmolzen ist, das Natron in einer fließenden Bewegung in die Pfanne streuen und schnell mit einem Kochlöffel einarbeiten. Geht alles gut, schäumt der Zucker auf. Schnell, aber vorsichtig 2 bis 3 Sekunden rühren und die Masse sofort auf die Silikonmatte oder das Backpapier gießen. Die »Wabe« 15 bis 20 Minuten ruhen lassen, bis sie abgekühlt und fest geworden ist.

Den Backofen auf 150 °C vorheizen. Für den Kuchen die Springform einfetten. Die Eigelbe und zwei Drittel von dem Zucker in eine Küchenmaschine geben und etwa 5 Minuten zu einer dicken, hellen Creme aufschlagen. Nacheinander Joghurt, Orangenschale und Mehl unterheben.

In einer separaten Schüssel Eiweiße und restlichen Zucker mit einem Schneebesen steif schlagen, bis sich feste Spitzen bilden. Den Eischnee vorsichtig unter den Teig heben. Zum Schluss etwa zwei Drittel der gehackten Haselnusskerne einarbeiten. Den Teig in die vorbereitete Form füllen und im Ofen 45 bis 50 Minuten backen, bis an einem in die Kuchenmitte hineingestochenen Holzstäbchen kein Teig mehr haftet. Den Kuchen aus dem Ofen nehmen und abkühlen lassen. Die »Wabe« in kleine Stücke und Krümel brechen und mit den restlichen Haselnüssen über den Kuchen streuen. Servieren.

Brombeer-Apfel-Baiser mit Walnüssen und Holunderbeeren

Es fällt schwer, sich vom Sommer zu verabschieden, von der angenehm warmen Morgensonne, der Ferienstimmung, vom Schwimmen im Meer, von den ausgedehnten Mittagessen – und dem Baiser. Dieses Dessert ist von Herbsthecken inspiriert. Es quillt förmlich über von reifem Holunder, Brombeeren und gebratenen Fallobstäpfeln. Dazu kommen die Nüsse. Die grünen Walnüsse, die man im Herbst auf den Märkten und in Hofläden erhält, schmecken milchig-süß.

FÜR 8 BIS 12 PERSONEN

2 EL Sonnenblumen- oder Walnussöl, plus etwas mehr Öl zum Einfetten

2 kleine bis mittlere Tafeläpfel (z. B. Russet oder Cox), ohne Kerngehäuse, geviertelt und jedes Viertel in 2 oder 3 Spalten geschnitten

1–2 TL Muscovado-Zucker (nach Belieben)

300 g Crème double

½ Vanilleschote, das Mark herausgeschabt

2 Handvoll Brombeeren

1–2 Dolden reife Holunderbeeren, die Beeren abgezupft

35 g geschälte grüne oder reife Walnuss- oder Haselnusskerne, grob zerkleinert

FÜR DAS BAISER

4 Eiweiß

200 g Muscovado-Zucker

Den Ofen auf 120 °C vorheizen. Für das Baiser die Eiweiße in einer großen, sauberen Schüssel mit den Schneebesen eines Handrührgeräts steif schlagen, bis sich feste Spitzen bilden. (Einfacher geht es mit dem Schneebesen einer Küchenmaschine.) Den Zucker bei laufendem Rührgerät nach und nach esslöffelweise einrieseln lassen, bis der ganze Zucker eingearbeitet ist. Alles 6 bis 8 Minuten schlagen, bis das Baiser fest und hell ist und glänzt.

Ein Backblech mit leicht eingefettetem Backpapier belegen. Das Baiser darauf verstreichen und nach Möglichkeit eine große Scheibe mit leicht hochgezogenem Rand formen (sie muss nicht perfekt sein). Das Baiser im Ofen 25 bis 30 Minuten backen. Danach die Hitzezufuhr auf 90 °C reduzieren und das Baiser weitere 2 Stunden backen, bis sich eine knusprige Kruste gebildet hat. Aus dem Ofen nehmen und abkühlen lassen. (Nicht sofort verwendetes Baiser luftdicht verschlossen aufbewahren.)

Das Öl in einer beschichteten Pfanne erhitzen und die Apfelspalten zugeben. Nach Belieben etwas Zucker hinzufügen und verrühren. Die Spalten unter gelegentlichem Wenden 4 bis 5 Minuten dünsten, bis sie Farbe angenommen haben und weich zu werden beginnen. Vom Herd nehmen und abkühlen lassen.

Die Crème double mit dem Vanillemark in einer Schüssel zu einer dicken, weichen Creme schlagen. Den Baiserboden bis an die Ränder hinaus damit bestreichen. Die Apfelspalten auf der Creme anordnen und darüber die Brombeeren verteilen. Mit Holunderbeeren und zerkleinerten Nüssen garnieren und servieren.

Brombeer-Safran-Honig-Scones

Meine ersten guten Scones habe ich mit Anfang zwanzig gegessen. Ich war zum Tee bei Freunden, denen eine Bio-Milchfarm in Dorset gehörte. Die Keksdose war leer, aber innerhalb von Minuten stand ein Teller mit frisch zubereiteten Scones auf dem Tisch. Angerührt mit Milch von eigenen Kühen, mit frischen Eiern von den Hühnern auf dem Hof, und der Teig im gusseisernen Herd gebacken. Sie schmeckten umwerfend. Ich habe seither bestimmt schon eine Million Scones gemacht, auf jede vorstellbare Weise. Dieses Rezept – mit Safran und Honig – liebe ich besonders, speziell dann, wenn ich Brombeeren dazu verwenden kann.

FÜR 8 BIS 10 STÜCK

- 175 g Mehl
- 2 TL Backpulver
- 40 g Muscovado-Zucker
- 1 Prise feines Meersalz
- 1 Ei
- 1 kleine Prise Safranfäden
- 100 ml Milch
- einige Tropfen Bourbon-Vanille-Extrakt
- 1 EL flüssiger Honig, plus etwas mehr Honig zum Servieren
- 1–2 Handvoll reife Brombeeren
- 1 großes Stück Butter (ca. 100 g), plus etwas mehr Butter zum Servieren

Für den Teig das Mehl in einer großen Schüssel mit Backpulver, Zucker und Salz mischen. Das Ei hineinschlagen, Safran, Milch, Vanille-Extrakt und Honig zugeben und alles gründlich mit einem Schneebesen verrühren. Die Brombeeren leicht zerdrücken und unter den Teig mengen.

Die Butter in einer großen beschichteten Pfanne bei mittlerer Hitze zerlassen. Den größten Teil der heißen Butter in den Teig gießen und gut unterrühren. Etwa 4 großzügige Esslöffel Teig getrennt in die Pfanne geben, damit vier einzelne Plätzchen entstehen. Die Teigplätzchen 1 bis 2 Minuten backen, bis die Unterseite goldbraun ist, dann mit einem Spatel wenden und 1 bis 2 Minuten weiterbacken, bis auch diese Seite goldbraun ist.

Die fertigen Scones auf einem Teller oder Brett warm halten. Die Arbeitsschritte mit dem restlichen Teig wiederholen, bis er vollständig aufgebraucht ist. Die Scones mit Butter und noch mehr Honig bestrichen sofort servieren.

Gebratene Pastinaken mit Brombeeren, Honig, Radicchio und Roggenflocken

Die letzten Brombeeren im Herbst sind schon fast überreif, prall gefüllt mit Aroma. Sobald sie abgepflückt sind, zieht sich die Brombeerranke in die Hecke zurück, um unbemerkt und still zu überwintern. Und schon bald hat man vergessen, wie produktiv das dornige Gestrüpp ist. In diesem farbenprächtigen Salat gebe ich die reifen Beeren zu frühen Winterpastinaken in den Bräter, wo sie in heißem Honig und Olivenöl aufplatzen und einen pikanten Kontrast zu den bitteren Radicchioblättern bilden. Die Garnitur aus Roggenflocken verleiht dem Ganzen noch eine wunderbar nussige Note: ein echter Favorit aus dem *River Cottage*!

FÜR 4 PERSONEN

4 Pastinaken, geputzt und längs geviertelt

3 EL Olivenöl extra vergine

3 EL Roggenflocken

2 TL Dijon-Senf

1 EL flüssiger Honig

1 EL Cidre-Essig

2–3 Zweige Thymian, die Blätter abgezupft

2–3 Zweige Rosmarin, die Nadeln abgezupft

100 g erntefrische Brombeeren

1 fester Kopf Radicchio, die Blätter vom Strunk abgetrennt

Salz und frisch gemahlener schwarzer Pfeffer

Den Backofen auf 180 °C vorheizen.

Die Pastinakenviertel in einen Bräter legen. Öl, Roggenflocken, Senf, Honig und Essig in einer Schüssel vermischen. Kräftig salzen und pfeffern. Alles gründlich verrühren. Die Marinade über die Pastinaken gießen und gut vermengen, sodass sie gleichmäßig davon überzogen werden. Mit Thymian und Rosmarin bestreuen.

Die Pastinaken im Ofen 40 bis 45 Minuten braten, bis sie innen weich und außen knusprig und karamellisiert sind. Während des Bratens ein- bis zweimal wenden. Die Pastinaken aus dem Ofen nehmen. Brombeeren und Radicchioblätter darüber verteilen und 5 bis 10 Minuten abkühlen lassen. Als warmen Salat mit frischem Brot oder als Beilage zu Würstchen, Ente oder Schweinekoteletts servieren.

Holzäpfel in braunem Zucker und Butter

Echte Holzäpfel unterscheiden sich etwas von den kleinen, »verwilderten« Äpfeln, die um unsere Hecken und an den Wegrändern entlang wachsen. Holzäpfel sind sehr klein, hart und sauer. Sie sehen aus wie große, grünliche Kirschen. Ich habe einen alten Baum auf einem Anwesen in der Nähe meines Wohnorts entdeckt. Wenn seine verdrehten, bemoosten Äste schwer an diesen gelbgrünen Miniäpfeln tragen, klaue ich gelegentlich eine oder auch zwei Taschen voll. Das kann ich mit gutem Gewissen tun, da sie anscheinend sonst niemand will! Bei meiner letzten Stibitzaktion war ich von den wilden Früchten so begeistert, dass ich beschloss, sie in einem Rezept zur Geltung kommen zu lassen. Ich habe die Äpfelchen in reichlich braunem Zucker und Butter gegart, und sie haben sich an die süße Butter geschmiegt wie an eine lang verloren geglaubte Geliebte. Dann habe ich sie mit Strunk und Stiel gegessen.

FÜR 4 PERSONEN

200 g reife Holzäpfel *(Malus sylvestris)* oder sehr kleine Wildäpfel, mit Stielen

1 Stück Butter (ca. 50 g)

60 g brauner Zucker

1 kräftige Prise feines Meersalz

Eine flache, schwere Pfanne bereitstellen. Es sollten möglichst alle Äpfel darin Platz finden. Für den Sirup die Butter mit Zucker, einer Prise Salz und 1 Esslöffel Wasser in der Pfanne bei mittlerer Hitze zerlassen. Den Sirup vorsichtig aufkochen und die Äpfel in die Pfanne geben. Im schäumenden Sirup 6 bis 8 Minuten sanft köcheln lassen, bis sie weich sind, aber immer noch ihre Form behalten. (Wenn der Sirup zu stark einkocht oder zu heftig wallt, etwas Wasser hinzufügen.) Die Pfanne vom Herd nehmen.

Die Äpfel mit einer kleinen Schale gekühlter Crème double oder Eiscreme sofort servieren.

Gelee aus Holzäpfeln und Brombeeren

Dieses herbsüße Gelee passt zu Fleisch, vor allem zu Brathähnchen, aber auch zu Käse. Die Holzäpfel sorgen für ein besonderes Aroma, und die Brombeeren verleihen dem Gelee eine fast ätherische Note. Sie können die Zutaten bei einem Ausflug aufs Land sammeln.

ERGIBT 8 BIS 10 MARMELADENGLÄSER

2 kg reife Holzäpfel *(Malus sylvestris)* oder kleine Wildäpfel, die Stiele entfernt

2–3 Handvoll reife Brombeeren

ca. 1 kg Kristallzucker

AUSSERDEM

8–10 sterilisierte Marmeladengläser

evtl. ein Küchenthermometer

Zum Sterilisieren die Gläser in heißes Spülwasser legen, gut nachspülen und mit der Öffnung nach unten bei 100 °C in den Backofen stellen, bis sie heiß und trocken sind. Oder bei höchster Temperaturstufe in die Geschirrspülmaschine geben.

Die Holzäpfel mit Schale, Kerngehäuse und Kernen grob hacken. Zusammen mit den Brombeeren in eine große, schwere Pfanne geben und mit Wasser bedecken. Die Früchte bei starker Hitze 20 bis 30 Minuten kochen, bis sie zu Brei zerfallen sind. Falls die eine oder andere Frucht aus dem Kochsud ragen sollte, Wasser angießen, bis wieder alle bedeckt sind.

Den Fruchtbrei in ein mit einem Seihtuch ausgelegtes Sieb auf einer großen, sauberen Schüssel geben. Den Brei etwa 4 Stunden, besser noch über Nacht, abtropfen lassen. Um ein möglichst klares Gelee zu erhalten, den Brei nicht durch das Sieb pressen oder passieren – ein leichter Druck mit dem Löffel genügt.

Den abgetropften Saft abmessen und in einen schweren Topf geben. Für jeweils 500 Milliliter Saft 375 Gramm Zucker hinzufügen. Schwach erhitzen und rühren, bis sich der Zucker vollständig aufgelöst hat. Aufkochen und 8 bis 10 Minuten weiterkochen. Dann die Gelierprobe machen. Dazu den Herd ausschalten, etwas Gelee auf eine gekühlte Untertasse (aus dem Kühlschrank) tropfen lassen und 2 bis 3 Minuten in den Kühlschrank stellen. Mit der Löffelspitze die gekühlten Geleetropfen anschieben. Wenn sich an der Tropfenoberfläche Falten bilden, ist der Gelierpunkt erreicht. Wenn nicht, das Ganze weitere 3 bis 4 Minuten kochen und erneut testen. (Die Mischung bei Verwendung eines Thermometers kochen, bis dieses 103 °C anzeigt.)

Gelee etwas abkühlen lassen. Anschließend in die sterilisierten Gläser füllen und sofort verschließen. So hält es bis zu ein Jahr.

VEGETARISCH | VEGAN | GELINGT AUCH MIT | Kochäpfeln (z. B. Bramley, Boskoop, Jonagold)

Holzapfel-Fenchelsamen-Esspapier

Einmachen auf die effektivste Art: Man trocknet Fruchtpüree, bis es keine Feuchtigkeit mehr enthält, und das Trocknen intensiviert dabei jedes einzelne Aromaelement. Dieses Esspapier schmeckt durch den Knuspereffekt des vollmundigen Fenchelsamens unglaublich gut.

ERGIBT 2 BACKBLECHE

1 kg reife Holzäpfel *(Malus sylvestris)*, die Stiele entfernt, das Fruchtfleisch grob gehackt

2 EL flüssiger Honig

2 TL Fenchelsamen

AUSSERDEM

eine Flotte Lotte

Die Äpfel mit etwas Wasser in einem großen, schweren Topf bei sanfter Hitze unter regelmäßigem Rühren 45 bis 60 Minuten kochen, bis sie weich sind und zerfallen (wenn sie nicht breiig sind, weiterkochen, bis sie es sind). Etwas Wasser angießen, wenn die Masse zu trocken erscheint. Vom Herd nehmen und den Brei durch eine Flotte Lotte mit feiner Kalibrierung in eine saubere Schüssel passieren. (Falls keine Flotte Lotte zur Verfügung steht, die Mischung durch ein Sieb passieren.) Zuerst den Honig, dann die Fenchelsamen zugeben. Alles gründlich vermengen. Die Süße prüfen und bei Bedarf etwas mehr Honig hinzufügen.

Den Backofen auf etwa 60 °C vorheizen. Zwei Backbleche mit Backpapier belegen. Die Fruchtmasse mit einem Spatel gleichmäßig und so dünn wie möglich darauf verstreichen (mit einer vollständig glatten Oberfläche). Die Backbleche für 12 bis 14 Stunden in den Ofen stellen, bis die dünnen Breischichten auch in der Mitte komplett trocken sind. Die Backbleche aus dem Ofen nehmen und abkühlen lassen.

Zwei saubere Bogen Backpapier zuschneiden, beide etwas länger und breiter als die Esspapiere. Diese vom Papier auf dem Backblech lösen und jedes von ihnen auf einen frischen Bogen Backpapier legen. Dann den ersten Bogen mit dem Esspapier innen von der Schmalseite her aufrollen. Arbeitsschritt mit dem zweiten Backpapier wiederholen. Luftdicht verschlossen, halten die Esspapiere bis zu fünf Monate.

Moor und Heide

Moor und Heide | Hier treffen wir zusammen, ich, das Wetter und du, das Land. Torferde, verkrüppelte Kiefern und Heidekraut. Verwaschenes Gelbbraun, wie gegerbtes Leder. Wir treffen uns am kahlen Bergrücken in der Nacht. Dann wieder, in einer Talsenke, irgendwann. Du bist so wahrhaftig wie die Fahrrinne auf dem Weg, wie die Vögel, deren Rufe zu hören sind, wie der Lauf der Flüsse, die einst dein Aussehen geformt haben. Werden und Vergehen. Einst ungebändigte Natur, nun vom Menschen nutzbar gemacht.

Wildkaninchen

Rebhuhn

Forelle

Wildschwein

Wildbret

Wildkaninchen mit Pappardelle

Ein ganz und gar unkompliziertes Rezept für eine der besten Pastasaucen, die ich kenne. Das Kaninchenfleisch gart sehr langsam mit geräuchertem Speck, Gemüse und Kräutern, bis es so zart ist, dass es auf der Zunge zergeht. Dann zerpflückt man das Fleisch und gibt es in die Sauce. Das Gericht ist ebenso rustikal wie lecker und geradezu ideal für einen kalten Winterabend.

FÜR 4 PERSONEN

2 EL Olivenöl extra vergine, plus etwas mehr Öl zum Beträufeln

6 dicke Scheiben geräucherter, durchwachsener Speck, in Streifen geschnitten

2 Stangen Staudensellerie, geputzt und sehr fein gewürfelt

1 Zwiebel, fein gehackt

4 Knoblauchzehen, geschält und in dünne Scheiben geschnitten

2 Lorbeerblätter

6 Zweige Thymian

1 Zweig Rosmarin

1 ganzes Wildkaninchen, küchenfertig und zerlegt

ca. 500 ml Hühnerbrühe (Seite 58) oder Gemüsebrühe

1 Portion Pappardelle (Seite 167)

Salz und frisch gemahlener schwarzer Pfeffer

Einen Schmortopf mittelstark erhitzen und 1 Esslöffel Olivenöl zugeben. Die Speckstreifen darin 3 bis 4 Minuten braten, bis der Speck etwas Fett abgegeben hat. Staudensellerie, Zwiebel, Knoblauch, Lorbeerblätter und Thymian- sowie Rosmarinzweige zugeben. Unter regelmäßigem Rühren 10 Minuten dünsten, bis das Gemüse weich ist und Farbe annimmt.

Währenddessen das restliche Öl in einer großen, beschichteten Pfanne mittelstark erhitzen. Die Kaninchenstücke hineinlegen und rundum krätig salzen und pfeffern. Die Teile von jeder Seite 6 bis 8 Minuten braten, bis sie rundum goldbraun sind.

Die Kaninchenstücke mit dem Bratensaft zum Gemüse in einen Bräter geben. Die Brühe angießen und alles sanft aufkochen. Dann den Deckel so auflegen, dass der Bräter nicht vollständig abgedeckt ist. Bei schwacher Hitze 1½ bis 2 Stunden garen, bis das Fleisch vollkommen zart ist und sich leicht vom Knochen lösen lässt. Wenn der Topfboden trocken wirken sollte, etwas Brühe oder Wasser nachgießen.

Wenn das Kaninchen fertig ist, den Bräter vom Herd nehmen und die Fleischteile mithilfe einer Zange auf einen Servierteller geben. Sobald sie etwas abgekühlt sind, das Fleisch von den Knochen lösen, in mundgerechte Stücke zerpflücken und wieder in den Bräter gegen. Das Ganze gut verrühren und den Bräter erneut auf den Herd stellen. Sauce kurz aufkochen und weiterköcheln lassen, bis sie die gewünschte Konsistenz hat. (Ich lasse sie noch 15 bis 20 Minuten sanft köcheln.) Mit Salz und Pfeffer abschmecken.

Die Pappardelle kochen, gut abtropfen lassen und mit etwas Öl beträufeln. Die Pasta gleichmäßig auf vier Teller verteilen und großzügig mit Kaninchensauce übergießen. Sofort servieren.

 GELINGT AUCH MIT | Fasan, Rebhuhn

Knuspriges Wildkaninchen mit Majoran-Zitronen-Mayonnaise

Bringen Sie mir jemanden, der kein Kaninchenfleisch mag, und ich serviere ihm ein Gericht, bei dem er sicher seine Meinung ändern wird – vorausgesetzt, er ist kein konsequenter Vegetarier. Wer noch nie Kaninchen zubereitet hat, liegt mit diesem Rezept goldrichtig.

FÜR 2 BIS 4 PERSONEN

1 ganzes Wildkaninchen, küchenfertig und zerlegt

1 Karotte, geschält und gehackt

1 Stange Staudensellerie, geputzt und grob gehackt

1 Zwiebel, grob gehackt

2 Lorbeerblätter

2 Zweige Thymian

Sonnenblumenöl zum Frittieren

100 g Mehl, mit Salz und Pfeffer gewürzt

1 großes Ei, leicht verquirlt

100 g grobes Paniermehl

1 Prise Meersalz zum Servieren

FÜR DIE MAYONNAISE

2 große Eigelb

Saft und abgeriebene Schale von ½ unbehandelten Zitrone

2 TL Dijon-Senf

½ Knoblauchzehe, geschält und gerieben

1 Prise Zucker

200 ml Sonnenblumenöl

50 ml Olivenöl extra vergine

2–3 Zweige Majoran, die Blätter abgezupft und gehackt

Salz und frisch gemahlener schwarzer Pfeffer

AUSSERDEM

eine Küchenmaschine

Für die Mayonnaise die Eigelbe in der Küchenmaschine mit dem Zitronensaft, Senf, Knoblauch, Zucker und etwas Salz und Pfeffer 30 bis 40 Sekunden zu einer glatten Creme verarbeiten. Die beiden Öle in einem Gefäß verrühren, anschließend bei laufender Küchenmaschine vorsichtig in die Eigelb-Mischung einlaufen lassen, erst tropfenweise, dann in einem kontinuierlichen Strahl. Wenn das ganze Öl eingearbeitet ist, sollte eine dicke Mayonnaise entstanden sein. Falls die Konsistenz zu zäh ist, 1 bis 2 Esslöffel warmes Wasser unterrühren. Den gehackten Majoran und die Zitronenschale hinzufügen, mit Salz und Pfeffer abschmecken. (In einem luftdichten Behältnis hält die Mayonnaise im Kühlschrank mehrere Tage.)

Die Kaninchenstücke dicht nebeneinander in einen Topf legen. Karotte, Sellerie, Zwiebel, Lorbeerblätter und Thymianzweige hinzufügen und mit Wasser bedecken. Bei hoher Hitze aufkochen. Dann die Hitzezufuhr stark reduzieren und das Kaninchen etwa 2 Stunden garen lassen, bis das Fleisch weich ist und vom Knochen fällt. Gelegentlich den Schaum von der Oberfläche abschöpfen. Die Fleischstücke vorsichtig aus dem Topf heben (darauf achten, dass sie ganz bleiben) und auf einem Teller beiseitestellen. Auskühlen lassen, dann in den Kühlschrank stellen. Die Brühe durch ein Sieb in ein Gefäß abgießen und aufbewahren. Sie ist für jedes Gericht verwendbar, das eine würzige Brühe erfordert.

Zum Frittieren einen großen, schweren Topf etwa 5 Zentimeter hoch mit Sonnenblumenöl füllen und auf 170 °C erhitzen (bis darin ein Brotwürfel in 1 Minute braun wird). Die Fleischstücke zuerst im Mehl wälzen, dann im Ei wenden und zum Schluss mit dem Paniermehl überziehen. Die panierten Kaninchenteile im heißen Öl 2 bis 3 Minuten goldbraun und knusprig frittieren. Mit Meersalz und der Mayonnaise servieren.

GELINGT AUCH MIT | Hähnchen, Fasan

Wildkaninchen mit Senf, Lauch, Rosmarin und Crème double

Ich habe mal in einem Pub namens *The Fox* gearbeitet, einer urtypischen Dorfkneipe mit abgetretenen Fliesenböden, Holzfeuer im Kamin, niedriger Decke und gutem Bier. Sogar die berittenen Jäger des Ortes galoppierten vorbei, fast schon wie auf Kommando, wenn Leute zum Mittagessen kamen. Mein Freund George war der Chefkoch. Nach beendetem Sonntagsdienst saßen wir oft zusammen an der Bar, tranken ziemlich viel und redeten stundenlang übers Essen und Kochen. George zeigte mir auch ein sehr einfaches Kaninchengericht mit regionalem Apfelwein und Crème double. Ein Traum! Und hier kommt meine Variante.

FÜR 2 PERSONEN

1 EL Olivenöl extra vergine

1 ganzes Wildkaninchen, küchenfertig und zerlegt

100 g Mehl, mit Salz und Pfeffer gewürzt

6 Zweige Rosmarin

3 Zweige Thymian

2 Lorbeerblätter

2 Stück Butter (à 50 g)

2 Stangen Lauch, geputzt, längs halbiert und in dünne Halbringe geschnitten

300 ml Cidre

300 ml Crème double

2–3 TL Dijon-Senf

1 EL gehackte glatte Petersilie

Salz und frisch gemahlener schwarzer Pfeffer

Das Olivenöl in einer großen Pfanne mittelstark erhitzen. Die Kaninchenteile leicht in dem gewürzten Mehl wenden, dann zusammen mit den Rosmarin- und Thymianzweigen sowie den Lorbeerblättern in die heiße Pfanne geben. Das Fleisch 8 bis 10 Minuten braten, bis es auf allen Seiten goldbraun ist und köstlich riecht. Vom Herd nehmen und beiseitestellen.

Die Butter in einer separaten großen, schweren Pfanne bei mittlerer Hitze zerlassen. Wenn sie aufschäumt, die Lauchringe hineinlegen und 10 bis 12 Minuten sanft dünsten, bis sie seidenweich sind. Die Kaninchenteile mit dem Bratenfond und den Kräutern zugeben, dann Cidre und Crème double hinzufügen. Alles aufkochen und ohne Deckel etwa 2 Stunden garen, bis das Fleisch sehr zart ist. Salzen, pfeffern und den Senf unterrühren. Zum Schluss großzügig mit Petersilie bestreuen und sofort mit einem Kartoffelpüree oder Bratkartoffeln servieren.

GELINGT AUCH MIT | Hähnchen

P13

Gebratene Rebhühner mit Salbei, Thymian und Cidre

Gebratene Rebhühner schmecken mindestens so gut wie gebratener Fasan. Ich bereite sie sehr gern zu, denn mit ihrem dunklen, würzigen Fleisch haben sie hinsichtlich Geschmack und Konsistenz unerwartet viel zu bieten. Zwei Rebhühner ergeben ein feines Abendessen zu zweit.

FÜR 2 PERSONEN

2 ganze Rebhühner, küchenfertig

1 Bund Salbei

1 Bund Thymianzweige

1 Knoblauchknolle, quer halbiert

1 EL Olivenöl extra vergine

2 große Stück Butter (à ca. 100 g)

FÜR DIE SAUCE

100 ml Cidre

150 ml Crème double

1 TL Dijon-Senf

Salz und frisch gemahlener schwarzer Pfeffer

Den Backofen auf 200 °C vorheizen.

Die Rebhühner in einen kleinen Bräter geben. Die Kräuter in die Wildvögel stecken und rund herum legen. Die beiden Hälften der Knoblauchknolle hinzufügen. Alles kräftig salzen und pfeffern. Das Olivenöl über die Rebhühner träufeln und auf jedes Huhn ein Stück Butter legen. Bräter in den Ofen stellen und die Rebhühner darin 20 bis 25 Minuten braten, bis die Haut goldbraun ist.

Den Bräter aus dem Ofen nehmen. Die Rebhühner herausheben, auf einem sauberen Teller auf den Rücken legen und warm halten. Den Bräter bei mittlerer Hitze auf den Herd stellen.

Für die Sauce den Cidre in den Bratensaft im Bräter gießen und aufkochen. Dann Crème double und Senf unterrühren und die Sauce erneut aufkochen lassen. Die Hitzezufuhr reduzieren und alles etwa 5 Minuten sanft köcheln lassen, bis die Sauce etwas reduziert ist und einzudicken beginnt. Salzen und pfeffern. Die Rebhühner mit dem Fleischsaft, der auf den Teller gelaufen ist, in den Bräter zurückgeben und kurz durchwärmen.

Den Bräter auf den Tisch stellen, je ein Rebhuhn auf einen Teller legen. Mit reichlich Sauce übergießen. Dazu ein Püree servieren.

Gegrillte Rebhühner in Joghurt mit Bockshornklee und schwarzem Pfeffer

Grill- und Jagdsaison verpassen sich stets – außer wir haben einen trockenen, sonnigen Winter. Doch scheint es nicht gerade angesagt, Wild zu dieser Zeit draußen zu grillen. Schade! Es wäre doch einen Versuch wert, im Winter zu grillen, oder? Dieses Rezept ist eine Ode der Hoffnung an einen sonnigen Spätherbst und Winter – oder zumindest einen trockenen Winter. Die küchenfertigen Rebhühner werden längs gespalten, ein wenig flach gedrückt, gewürzt und mit der Schnittfläche nach unten auf dem Grillrost gebraten. So bleibt die Brust schön saftig.

FÜR 2 PERSONEN

¼ Zimtstange

2 TL Bockshornkleesamen

2–3 Kardamomkapseln, aufgebrochen und die Samen herausgelöst

1 TL Chiliflocken

2 TL schwarze Pfefferkörner

2 EL Naturjoghurt, plus etwas mehr Joghurt zum Servieren (nach Belieben)

1 TL feines Meersalz

1 TL Kurkuma

2 Knoblauchzehen, geschält und gerieben

2 ganze Rebhühner, küchenfertig

AUSSERDEM

einen Holzkohlegrill

Kebab-Holzspieße

Zimtstange, Bockshornklee- und Kardamomsamen, Chiliflocken und Pfefferkörner in einer kleinen Pfanne bei schwacher Hitze 3 bis 4 Minuten ohne Fett rösten, bis die Gewürze aromatisch duften. Die Gewürze anschließend in einem Mörser mit dem Stößel fein zerstoßen. Die Gewürzmischung in einer kleinen Schüssel gründlich mit Joghurt, Salz, Kurkuma und geriebenem Knoblauch verrühren und beiseitestellen.

Ein Rebhuhn mit der Brust nach unten auf ein Schneidebrett legen und die Wirbelsäule mit einer Geflügelschere heraustrennen. Entsorgen oder für die nächste Hühnerbrühe (Seite 58) einfrieren. Die Arbeitsschritte beim anderen Rebhuhn wiederholen. Dann das Geflügel mit der Hand flach zusammendrücken. (Es macht nichts, wenn das Fleisch dabei an den Beinen einreißt.) Das Fleisch mit dem Joghurt einreiben und bedecken. In Frischhaltefolie einschlagen und im Kühlschrank 6 bis 8 Stunden oder über Nacht marinieren.

Den Grill anheizen und die Kohle zu einer gleichmäßig heißen Glut (das ist der Fall, wenn man die Hand nur 1 bis 2 Sekunden über den Grill halten kann) herunterbrennen lassen. Holzspieße in die Fleischstücke stecken und das Fleisch mit der Schnittfläche nach unten 15 bis 20 Minuten grillen, bis die Unterseite stellenweise gebräunt und knusprig aussieht. Fleischstücke wenden und weitere 8 bis 10 Minuten grillen, bis auch die Brustseite goldbraun ist. Die Rebhühner an den Rand des Rosts schieben und außerhalb der direkten Hitze 5 bis 10 Minuten ruhen lassen. Mit Joghurt oder einem Tomatensalat (Seite 92) und Fladenbrot servieren.

GELINGT AUCH MIT | Taube

Gebratene Rebhühner mit Rohkostsalat aus Rotkohl, Sellerie und Rosinen

Die Rebhühner werden hier nicht mit den klassischen Beilagen wie Bratkartoffeln, Brotsauce oder Pastinaken-Chips serviert, sondern mit einem knackigen Wintersalat. Er bildet einen etwas leichteren, frischeren, aber ebenso leckeren Begleiter. Zubereitet wird dieser Salat aus rohem Rotkohl und Knollensellerie, den Orangenaroma und saftige Rosinen komplettieren.

FÜR 2 PERSONEN

1 große Handvoll Rosinen

Saft von 1 kleinen Orange

¼ Kopf Rotkohl, die harten Hüllblätter entfernt, ohne Strunk

¼ Knolle Sellerie (ca. 100 g), geschält

4–5 Zweige Thymian, die Blätter abgezupft

2 EL Olivenöl extra vergine

2 ganze Rebhühner, küchenfertig

2 Stück weiche Butter (à ca. 50 g)

Salz und frisch gemahlener schwarzer Pfeffer

Die Rosinen in einer kleinen Schüssel mit dem Orangensaft übergießen und darin etwa 30 Minuten einweichen.

Den Kohl auf einem Brett mit einem sehr scharfen Messer in lange, dünne Streifen schneiden. Den Sellerie mit einer Mandoline oder demselben scharfen Messer in dünne Streichholzstifte schneiden.

Das rohe Gemüse mit den eingeweichten Rosinen, Thymianblättern und dem Olivenöl in eine große Schüssel geben. Salzen, pfeffern und alles gut mit den Händen vermengen und beiseitestellen.

Den Backofen auf 200 °C vorheizen. Die Rebhühner mit der Brustseite nach oben in einen kleinen Bräter legen und vollständig mit der Butter bestreichen. Salzen und pfeffern. Den Bräter in den Ofen stellen und das Fleisch 25 bis 30 Minuten braten, bis sich die Haut goldbraun färbt. Bräter aus dem Ofen nehmen und die Rebhühner mit der Brustseite nach unten auf eine Servierplatte legen. An einem warmen Ort 10 bis 15 Minuten ruhen lassen.

Die Rebhühner auf ein Schneidebrett legen und nacheinander mit einem großen, schweren Messer halbieren. Dazu das Messer jeweils auf einer Seite des Brustbeins ansetzen und entlang der Wirbelsäule durchtrennen. Auf der anderen Seite des Brustbeins ebenso verfahren, sodass ein knochiges Mittelstück des Rebhuhns übrig bleibt, das entsorgt werden kann. Die Arbeitsschritte bei dem anderen Rebhuhn wiederholen.

Die Rebhuhnhälften auf zwei Tellern jeweils neben einer Portion Rohkostsalat anrichten und das Fleisch mit dem Bratensaft übergießen. Sofort servieren.

Pochierte Forelle

Diesen Klassiker serviere ich sehr gern warm, nicht heiß, als Gang eines ausgedehnten, feinen Mittagessens. Die Forelle schmeckt wunderbar mit knusprigem Brot, frischer Brunnenkresse und einer Estragon- oder Schnittlauch-Mayonnaise. Es lohnt sich, etwas Zeit in die Vorbereitung des Fonds zu investieren, denn er verleiht dem Fisch beim Pochieren ein kräftiges Aroma. Und Sie haben danach einen köstlichen Fischfond, den Sie für Suppen, Saucen, Risottos oder andere Gerichte verwenden können. Frieren Sie den Fond am besten portionsweise ein.

FÜR 4 BIS 6 PERSONEN

2 große Karotten, in dünne Scheiben geschnitten

2 Stangen Staudensellerie, in dünne Scheiben geschnitten

1 große Zwiebel, in dünne Ringe geschnitten

1 Stange Lauch, geputzt und in dünne Ringe geschnitten

1 kleine Sellerieknolle, in Scheiben geschnitten

2–3 Knoblauchzehen, geschält und in Scheiben geschnitten

250 ml Weißwein

3–4 Zweige Thymian

4 Lorbeerblätter

½ Bund glatte Petersilie

1 TL schwarze Pfefferkörner

1 TL Fenchelsamen

1 TL Koriandersamen

2 TL feines Meersalz

1 ganze Forelle (1–1,5 kg), küchenfertig

AUSSERDEM

einen Fischkessel oder einen großen Bräter

Der Fischfond kann unmittelbar vor dem Pochieren oder auch schon ein bis zwei Tage im Voraus hergestellt werden (dann luftdicht verschlossen im Kühlschrank aufbewahren). Bis auf den Fisch alle Zutaten in einen großen Topf geben und mit etwa 2 Liter Wasser bedecken. Kurz aufkochen und anschließend 25 bis 30 Minuten sanft köcheln lassen. Topf vom Herd nehmen und den Fond mit dem Gemüse und den Kräutern darin abkühlen lassen.

Den Fischfond durch ein Sieb in den Fischkessel oder Bräter gießen. (Das Gemüse als ideale Suppenbasis aufbewahren und bis zur Verwendung einfach in einer Plastiktüte einfrieren.) An dieser Stelle können nach Belieben weitere Aromen wie zum Beispiel Lorbeerblätter hinzugefügt werden. Den Fischfond im Kessel oder Bräter bei mittlerer Hitze aufköcheln lassen. Den Fisch vorsichtig in den Pochiersud senken. Auf schwache Hitze schalten und die Forelle 15 bis 20 Minuten pochieren, bis sie gegart ist. (Ich teste das manchmal durch sanftes Ziehen an der Rückenflosse. Wenn sie sich leicht löst, ist das Fleisch gar.)

Den Fisch vorsichtig herausheben, auf eine Servierplatte legen und etwas abkühlen lassen. Als Ganzes oder in Portionen zerteilt mit gebuttertem Schwarzbrot, guter Mayonnaise und einem knackigen Brunnenkressesalat servieren.

Gepökelte Forelle mit Rhabarber und Rosenblütenblättern

Die Kombination von Rosenblütenblättern und Rhabarber liebe ich. Man kann die zarten Rosenblätter über rosa Rhabarber-Baiserkuchen streuen und den Rhabarber bei niedrigster Hitze mit Rosenwasser und Honig kochen. Hier ist das großartige Duo Bestandteil einer Pökelmischung für frische Forellen. Das Rezept erinnert ein wenig an die Zubereitung von Graved Lax, mit dem Unterschied, dass ich den Dill hier durch berauschende, aromatische Rosenblätter und die Zitrone durch die frische Säure des Rhabarbers ersetze. Bei fangfrischen Forellen müssen Sie vor dem Pökeln möglichst viele Gräten entfernen (ich benutze dazu eine Grätenzange). Ist der Fisch schon filetiert, hat das der Fischhändler für Sie erledigt.

FÜR 8 BIS 10 PERSONEN

100 g Steinsalz- oder Meersalzflocken

50 g brauner Zucker

fein abgeriebene Schale von 1 unbehandelten Zitrone

2 Stangen Rhabarber, geputzt und in dünne Scheiben geschnitten

1 TL Fenchelsamen, leicht zerdrückt

2 TL schwarze Pfefferkörner, grob geschrotet

2 EL frische Blütenblätter von unbehandelten Rosen

2 große Forellenfilets (à 200–300 g), sorgfältig entgrätet

Crème fraîche, mit etwas Zitronensaft vermischt, zum Servieren

Für die Pökelmischung alle Zutaten bis auf die Forellenfilets in einer Schüssel vermengen. Ein Viertel davon auf einem Kunststoff- oder Emailletablett auf einer Fläche in der Größe der Forellenfilets verteilen. Die Filets mit der Hautseite nach unten darauflegen und den Rest der Mischung möglichst gleichmäßig darüberstreuen. Filets zum Pökeln 20 bis 24 Stunden in den Kühlschrank stellen.

Die Filets aus der Pökelmischung nehmen und unter fließendem kaltem Wasser abwaschen und die Pökelmischung entsorgen. Filets mit einem Baumwollgeschirrtuch vorsichtig trocken tupfen und auf einem Servierteller zum Trocknen in den Kühlschrank stellen. (Ich lasse die Filets vorzugsweise weitere 24 Stunden oder über Nacht darin stehen.)

Die Filets vor dem Servieren mit einem sehr scharfen Messer über die gesamte Breite bis zur Haut hinunter schräg in dünne Streifen schneiden.

Den gepökelten Fisch mit einem Dip aus Crème fraîche und etwas Zitronensaft und gebuttertem Toastbrot servieren.

GELINGT AUCH MIT | Lachs

Forelle mit marinierter Gurke, Dinkel und Kräutern

Dieser warme Salat aus nussigem Dinkel und frischer Flussforelle hebt meine Stimmung, vor allem an regnerischen Wintertagen. Mit dem leichten Frühlingshauch bietet er willkommene Abwechslung zu den gehaltvolleren Gerichten der kalten Jahreszeit. Übrig gebliebene Forelle kann man auf diese Weise wunderbar verarbeiten. Der Salat lässt sich aber auch mit Seebarsch oder Brasse zubereiten. Setzen Sie die frischen Kräuter, den Zitronensaft und das Olivenöl großzügig ein – und Sie werden mit diesem Salat an die Grenze des Magischen stoßen.

FÜR 2 PERSONEN

½ feste Gurke, geschält

½ kleine rote Zwiebel, fein gewürfelt

2 EL Cidre-Essig

2 TL brauner Zucker

150 g Dinkelgraupen

1 kleines Bund Minze, die Blätter abgezupft; einige Blätter für die Garnitur beiseitelegen, die restlichen fein hacken; die Stiele zurückbehalten

2 EL Olivenöl extra vergine

200 g pochierte Forellenfilets, enthäutet und sorgfältig entgrätet

1 kleines Bund Koriandergrün, die Blätter abgezupft; einige Blätter für die Garnitur beiseitelegen, die restlichen fein hacken

Saft von ½ Zitrone

Salz und frisch gemahlener schwarzer Pfeffer

Die Gurke längs halbieren und die Kerne mithilfe eines Teelöffels herausschaben. Die Hälften in 1 Zentimeter dicke Halbmonde schneiden und in eine Schüssel geben. Die Zwiebelwürfel mit Essig, Zucker und je eine großzügige Prise Salz und Pfeffer zugeben und die Gurke mit allen anderen Zutaten vermengen. Zum Marinieren beiseitestellen.

Die Dinkelgraupen in einem Sieb gründlich waschen und gut abtropfen lassen. In einen Topf füllen und mit kaltem Wasser bedecken. Bei starker Hitze sanft aufkochen. Die Minzestiele in den Topf geben, damit sie die Dinkelkörner beim Kochen aromatisieren. Graupen 15 bis 20 Minuten garen, bis sie weich sind, aber noch etwas Biss haben. Durch ein Sieb abgießen und 10 bis 15 Minuten ruhen lassen.

Dinkelgraupen in einer großen Schüssel mit der marinierten Gurke und der säuerlich-zuckrigen Marinade vermischen. Das Öl zugeben, alles salzen und pfeffern und gut verrühren.

Das Forellenfleisch grob zerpflücken und vorsichtig mit der gehackten Minze und dem Koriandergrün unter die warmen Dinkelkörner mischen. Den Salat auf einem Servierteller anrichten oder in eine Schüssel umfüllen. Mit dem Zitronensaft beträufeln und die ganzen Minze- und Korianderblätter darüberstreuen. Sofort servieren.

Wildschweinbraten mit braunem Zucker, weißen Bohnen und Senf

Wildschwein und Bohnen werden stundenlang sanft geköchelt, bis die Bohnen weich und das Fleisch zart sind. Eine Version dieses Gerichts habe ich einmal in einem großen, gusseisernen Topf in der Glut eines Lagerfeuers zubereitet. Wir schürten regelmäßig das Feuer, und die Abendstunden gingen so dahin. Das Gericht gelang wunderbar. Wir aßen es an der rauchigen Wärme des Feuers und tranken Apfelwein dazu, mit Decken um den Schultern... Hier gart das Fleisch im Ofen, das Prinzip aber ist das gleiche: sanfte, gleichmäßige Hitze. Senf und Melasse verleihen dem Fleisch einen dunklen, süßlichen Geschmack, den ich überaus gern mag. Statt Wildschwein kann man auch Schweinefleisch braten. Das Ergebnis ist ebenso köstlich.

FÜR 4 PERSONEN

25 g brauner Zucker

1 EL Melasse

2 TL zerdrückte Koriandersamen

1 TL Chiliflocken

1 EL Senf

1,5 kg Wildschwein- oder Schweinebauch

200 g getrocknete Cannellini-Bohnen, über Nacht eingeweicht

6 Zweige Thymian

4 Zweige Rosmarin

8 Lorbeerblätter

1 Knoblauchknolle, quer halbiert

1 l Wildschweinfond oder Hühnerbrühe (Seite 58)

Salz und frisch gemahlener schwarzer Pfeffer

Den Backofen auf 150 °C vorheizen.

Zucker, Melasse, Koriandersamen, Chiliflocken und Senf zu einer dicken Paste verrühren. Das Fleisch damit einreiben und beiseitestellen.

Die Bohnen abgießen und in einen Bräter geben, der für das Fleisch groß genug ist. Kräuter, Knoblauch und Brühe hinzufügen und den Topf kurz rütteln. Das Fleisch mit der Schwarte nach unten in die Bohnen legen und den Topf lose mit Backpapier oder Alufolie abdecken.

Den Bräter in den Ofen stellen und alles etwa 3 Stunden garen, bis die Bohnen die gesamte Brühe aufgesogen haben und das Fleisch butterweich ist. (Während des Garens sollte das Ganze ein- bis zweimal kurz aufgelockert werden.) Den Bräter aus dem Ofen nehmen, das Fleisch herausheben und auf einem Teller beiseitestellen. Die Bohnen im Bräter kräftig salzen und pfeffern und gründlich umrühren. Den weichen Knoblauch aus der Schale drücken und ebenfalls unter die Bohnen mischen.

Zarte Wildschweinfleischstücke neben einigen Löffeln Bohnen anrichten und mit deftigem Brot und gutem Wein genießen.

 GELINGT AUCH MIT | Lammstelzen, Schweinebauch

Wildschweinwürste

Es lohnt sich, Würste selbst herzustellen – sie sind immer viel besser als die Würste in den Supermärkten. Auch wenn es nach viel Aufwand klingt: Es macht Spaß und ist einfacher, als man denkt – vorausgesetzt, man hat die Geräte, die man dafür braucht. Ein Fleischwolf ist wichtig, ein Wurstfüller durchaus praktisch. Beide sind als Zusatz für Küchenmaschinen erhältlich. Als Einzelgeräte werden sie auch im Internet angeboten. Wildschweinfleisch ergibt Würste mit dezentem Wildgeschmack, frisches Schweinefleisch liefert vergleichbar Gutes.

ERGIBT 2 KILOGRAMM WÜRSTE

4 m Schweinedarm (vom Metzger) als Wursthüllen

2 kg Wildschweinbauch, entbeint und ohne Schwarte

200 g Paniermehl

20 g feines Meersalz

10 g frisch gemahlener schwarzer Pfeffer

1 TL brauner Zucker

2 EL gehackte Thymianblätter

1 Knoblauchzehe, geschält und gerieben

100 ml Eiswasser

AUSSERDEM

einen Fleischwolf

evtl. eine Wurstfüllmaschine

Das Salz sorgfältig aus den Schweinedärmen waschen und die Därme mehrere Stunden in einer Schüssel mit frischem Wasser einweichen. Das Wasser ein- bis zweimal wechseln.

Das Bauchfleisch in 2 bis 3 Zentimeter große Würfel schneiden. Häutchen und Knorpel sorgfältig entfernen. Davon sollte nichts in die Wurst gelangen.

Das Fleisch durch die grobe Scheibe des Fleischwolfs treiben und in eine Schüssel geben. Paniermehl, Salz, Pfeffer, Zucker, Thymian und Knoblauch hinzufügen und alles sehr gründlich vermengen. Das Eiswasser unterrühren und wieder mischen. Anschließend die Fleischmasse nochmals durch den Fleischwolf drehen.

Wurstbrät etwa in der Größe eines Golfballs abstechen und zu einem Plätzchen formen. In eine kleine Pfanne geben und bei mittelstarker Hitze braten, bis es gar ist. Testen, ob das Brät so schmeckt, und, falls erforderlich, noch etwas nachwürzen.

Das Brät in eine Schüssel geben und abgedeckt in den Kühlschrank stellen. Währenddessen den Fleischwolf spülen und die Wurstfüllmaschine vorbereiten. Das Brät sollte schön kalt sein, dann geht es leichter durch die Füllmaschine, und die Würste halten sich länger. Das Brät durch die Maschine laufen lassen, die Därme füllen und die Würste in der gewünschten Länge abbinden oder abdrehen. (Ohne Wurstfüllmaschine geht es auch. Dabei die Wurstmasse mit einem Kochlöffel vorsichtig in den Darm einfüllen und fest zusammendrücken.) Die Würste abgedeckt vier bis fünf Tage im Kühlschrank lagern oder in Beutel packen und einfrieren.

Wildschweinfilet mit Steckrübe, Wirsing und Kümmel

Da das magere Wildfleisch wie auch der Wirsing in einer heißen Pfanne in kurzer Zeit gar sind, bietet es sich an, beide gleichzeitig zu braten. Dadurch entfalten sich noch intensivere Aromen (vor allem dann, wenn der Wirsing in der Pfanne ein wenig dunkel wird). Das Schöne am Wirsing ist, dass er trotz des Bratens etwas von seinem Biss behält. Ich kröne dieses Gericht mit einer delikaten Kümmel-Knoblauch-Butter, die Filet und Wirsing auf spektakuläre Weise hebt.

FÜR 2 PERSONEN

1 kleine Steckrübe, geschält und grob gewürfelt

2 Stück Butter (à 50 g)

50 ml Crème double

½ kleiner Kopf Wirsing

1 Wildschweinfilet (ca. 400 g), pariert

1 EL Olivenöl extra vergine

1 Knoblauchzehe, geschält und in dünne Scheiben geschnitten

1 TL Kümmelsamen

Salz und frisch gemahlener schwarzer Pfeffer

In einem mittelgroßen Topf Salzwasser aufkochen lassen und die Steckrübe darin 20 bis 30 Minuten garen, bis sie weich ist. Den Topf vom Herd nehmen, die Rübe mit einem Schaumlöffel herausheben und in einen Mixer geben. Die Hälfte der Butter hinzufügen und so viel von dem Kochsud, dass aus der Steckrübe ein samtiges Püree wird. Das Püree in einen sauberen Topf umfüllen und Crème double unterziehen. Kräftig salzen und pfeffern. Warm halten.

Den halben Wirsingkopf in zwei an der Außenseite jeweils 4 bis 5 Zentimeter breite Viertel teilen, dabei den Strunk dranlassen. Die Wirsingviertel und das Wildschweinfilet rundum kräftig mit Salz und Pfeffer würzen. Das Olivenöl in einer großen, schweren Pfanne bei mittlerer bis starker Hitze erwärmen. Den Wirsing und das Filet 4 bis 5 Minuten darin braten, bis der Wirsing leicht Farbe angenommen hat. Das Gemüse und das Fleisch gelegentlich wenden, damit sie rundum gleichmäßig garen. Wenn der Wirsing weich ist, den Herd ausschalten. Alles in der Pfanne lassen, damit das Fleisch 4 bis 5 Minuten darin ruhen kann.

Währenddessen die restliche Butter in einer kleinen Pfanne bei mittlerer Hitze zerlassen. Sobald sie aufschäumt, Knoblauch und Kümmel zugeben und 1 bis 2 Minuten sanft darin dünsten, bis der Knoblauch an den Rändern goldbraun zu werden beginnt.

Das Steckrübenpüree gleichmäßig auf zwei Teller verteilen. Das Filet in dicke Scheiben aufschneiden und auf dem Püree anrichten. Mit einem Wirsingviertel garnieren und die Knoblauch-Kümmel-Butter darübergießen. Sofort servieren.

 GELINGT AUCH MIT | Hähnchenbrust, Schweinefilet

Reh, über offenem Feuer gebraten

Im Freien über offenem Feuer zu kochen ist die ursprünglichste und die schönste Art, Essen zuzubereiten. Es tut der Seele gut, den Holzrauch zu riechen, die Hitze der Glut zu spüren und die Hände auf eine Weise einzusetzen, wie man es in der Küche normalerweise nicht tut.

Zugegeben, auf offenem Feuer zu kochen ist nicht so einfach, wie den Elektroherd einzuschalten. Es erfordert Planung. Dafür ist es weitaus gewinnbringender und nachhaltiger: Man kommt mit den Nahrungsmitteln auf eine Weise in Kontakt, die ein Umluftherd nicht bieten kann, wird zum Manager der natürlichen Hitze, muss den Abstand zwischen Flamme und Bratgut regeln, Temperatur und Zeit richtig einschätzen. Die Sinne leisten Teamarbeit. Schritt-für-Schritt-Rezepte mutieren zu einfachen Ideen. Wind und Regen sind Naturelemente, denen man mit Holz oder Holzkohle Widerstand entgegensetzt. Wenn ich bei offenem Feuer koche, erfahre ich immer ein wenig mehr über mich, die Zutaten, die Natur und die Landschaft. Ich schließe keine Tür hinter dem Essen, das ich zubereite, sondern lasse es lebendig werden, durch sorgfältige Vor- und Zubereitung. Meist halte ich alles ganz schlicht – Salz, Pfeffer und Rosmarin genügen. Das echte Aroma liegt im Fleisch, in der Hitze und im Rauch.

FÜR 15 BIS 20 PERSONEN

1 ganzes Reh oder kleines Damwild, aus der Decke geschlagen und küchenfertig (ca. 18–25 kg)

1 Bund Rosmarinzweige

Olivenöl extra vergine

Salz und frisch gemahlener schwarzer Pfeffer

Rehwild hat gerade noch die richtige Größe zum Braten über offenem Feuer. In der Regel können Sie ein ganzes Reh beim Metzger oder bei lokalen Wildbrethändlern bestellen. Wenn Sie keine Fleischersäge haben, dann bitten Sie den Metzger, das Tier küchenfertig vorzubereiten. Tun Sie es selbst, schneiden Sie innen durch die Mitte der Wirbelsäule, in erster Linie durch Schultern und Nacken, und bringen dann einen Schnitt zwischen den Hüften an. So kann der Körper auseinandergespreizt und mit Draht an einem Gerüst über dem Feuer befestigt werden.

Ich bastle mir am Morgen der Kochaktion ein eigenes Gerüst. Dazu nehme ich vier massive, gerade Stangen aus Hasel- oder jungem Eschenholz – eine Stange, die »Senkrechte«, an die 2 Meter lang und 8 bis 10 Zentimeter im Durchmesser, die drei anderen Stangen als Querstangen 1 bis 1,5 Meter lang. In die Mitte jeder kurzen Stange schneide ich eine Kerbe, um sie dort zu arretieren, wo sie die »Senkrechte« kreuzt. Dann markiere ich die Stellen, wo die Querstangen angebracht werden sollen. Die obere Querstange sollte in einer Linie mit den Enden der Vorderläufe liegen, die mittlere an der breitesten Stelle der Brust und die untere am unteren Teil der Hüften. Die Querstangen befestige ich mit dickem Draht, Nägeln oder Schrauben (die ziehe ich vor, weil sie dafür sorgen, dass die Stangen nicht allzu sehr wackeln) an der »Senkrechten«. Dann binde ich das Reh mit Draht am Gerüst fest: Erst befestige ich die vier Beine und die Wirbelsäule mit mehreren Drahtschlingen um das Holz der »Senkrechten«. Dann drehe ich die Drähte mit einer Zange fest und zwicke die Überstände ab. Schließlich bestreiche ich das Fleisch mit Öl, salze und pfeffere es kräftig und spicke den Rehkörper rundum mit Rosmarinzweigen.

Wichtig ist, dass das Feuer gleichmäßig heiß ist, bevor man beginnt. Auf die Windrichtung muss man achten und auf genug gutes, trockenes Brennholz. Die senkrechte Stange rammt man schräg etwa 30 Zentimeter tief in den Boden, in Windrichtung des Feuers und direkt über der Hitze. Um dem Gewicht des Bratguts entgegenzuwirken, verkeilt man einen Holzklotz dort, wo die geneigte »Senkrechte« in den Boden geht. Die Höhe des Bratguts lässt sich durch Vor- und Zurückbewegen des Keils anpassen.

Das Reh brät man bei starker Hitze. Dabei das Feuer regelmäßig schüren und das Gerüst immer wieder um 180 Grad drehen. Das Fleisch muss nahe genug an der Hitze sein, um effektiv zu garen, aber nicht so nahe, dass es verbrennt. Exaktes Braten ist hier eine Kombination aus Regulierung des Feuers und Höhenanpassung des Gerüsts. Achten Sie besonders auf die Schultern und Beine. Hier braucht die Hitze länger, um sie zu durchdringen. Schlüssel zum Erfolg ist das Regulieren des Feuers, denn bei dieser Art zu braten gibt es immer Bereiche im Bratgut, die stärker gegart werden als andere. Das ist ein wesentlicher Bestandteil dieser Gartechnik, aber etwas, womit ich nie ein Problem habe.

Es gibt einen einfachen Test, um festzustellen, wann das Fleisch gar ist. Dazu steche ich mit einem dünnen Messer in die dickste Stelle und prüfe die Innentemperatur. Dabei lasse ich das Messer kurz im Fleisch, ziehe es heraus und berühre es mit der Lippe. Brennt es, ist das Fleisch mit Sicherheit weich. Man kann auch direkt in das Fleisch schneiden, um es zu testen.

Es lohnt sich, einige Kartoffeln in Alufolie einzuwickeln und in der Glut als Beilage für das Wildbret zu garen. Auch Brot, Salate und Chutneys sind willkommen bei diesem opulenten Mahl.

Wildragout mit Brennnesselknödeln

Wildbret ist ideal für Eintöpfe, besonders das gehaltvolle und aromareiche Fleisch aus der Schulter, das langsames Garen liebt. Da das Fleisch sehr mager sein kann, kombiniere ich es gern mit Pancetta, um dem Gericht die richtige Balance zu geben. Die Knödel lassen sich fix zubereiten und zaubern mit der Brennnessel ein weiteres »wildes« Element in den Topf.

FÜR 6 BIS 8 PERSONEN

2 EL Olivenöl extra vergine

2 Zwiebeln, in dünne Ringe geschnitten

2 Stangen Staudensellerie, gewaschen, geputzt und in dünne Scheiben geschnitten

2 Knoblauchzehen, geschält und in dünne Scheiben geschnitten

2 Lorbeerblätter

4 Zweige Thymian

300 g Pancetta, in ca. 4 cm große Würfel geschnitten

800 g Hirsch- oder Rehschulter, pariert und in ca. 5 cm große Würfel geschnitten

100 g Mehl, mit Salz und Pfeffer gewürzt

500 ml helles Bier

300 ml Rinder- oder Hühnerbrühe (Seite 58) oder Wasser

frisch gemahlener schwarzer Pfeffer

FÜR DIE KNÖDEL

100 g frische Brennnesselspitzen

250 g Mehl, mit 2 ½ TL Backpulver vermischt

125 g Rindertalg

Salz und frisch gemahlener schwarzer Pfeffer

Den Backofen auf 160 °C vorheizen.

Die Hälfte des Öls in einem großen Schmortopf erhitzen. Zwiebeln, Staudensellerie, Knoblauch, Lorbeer und Thymian hinzufügen. Die Zwiebeln unter Rühren 8 bis 10 Minuten weich dünsten. Das restliche Öl in einer großen, schweren Pfanne stark erhitzen. Die Hitzezufuhr reduzieren und die Pancetta darin sanft braten, bis das Fett ausgelassen ist. Den ausgelassenen Speck in den Schmortopf geben und die Pfanne auf dem Herd lassen.

Wildfleischwürfel im gewürzten Mehl wälzen und portionsweise in der Pfanne bei mittlerer Hitze 4 bis 6 Minuten braten. Jede Portion in den Schmortopf geben, sobald sie Farbe angenommen hat. Anschließend alles im Topf gut vermengen. Das Bier mit ausreichend Brühe oder Wasser angießen, sodass das Fleisch etwa 3 Zentimeter hoch bedeckt ist. Mit Pfeffer würzen, aufkochen lassen und den Schmortopf halb abgedeckt in den Ofen stellen. Das Fleisch darin etwa 3 Stunden schmoren, bis es butterweich ist. Kurz bevor das Ragout fertig ist, die Knödel zubereiten.

Für die Knödel Wasser in einem Topf aufkochen und darin die Brennnesselspitzen 2 Minuten blanchieren. Abgießen und abkühlen lassen. Brennnesseln ausdrücken (dabei das Wasser in einer Schüssel zurückbehalten) und fein hacken. Danach die Mehl-Backpulver-Mischung mit Brennnesseln, Rindertalg sowie Salz und Pfeffer vermengen. Von dem Blanchierwasser 150 bis 200 Milliliter unterrühren, sodass ein weicher Teig entsteht. Aus dem Teig zehn Knödel formen. Schmortopf aus dem Ofen nehmen und die Knödel auf dem Ragout verteilen. Den Topf bei geschlossenem Deckel in den Ofen zurückstellen und 20 Minuten weiterschmoren lassen. Deckel abnehmen und weitere 15 Minuten garen, bis die Knödel etwas Farbe angenommen haben. Ragout aus dem Ofen nehmen. Mit Gemüse oder gemischtem Salat servieren.

GELINGT AUCH MIT | Rind

Scharf gebratene Hirschlende mit Sternanis, Rhabarber und Honig

Wunderbar an diesem Rezept ist die dezente Schärfe, die entsteht, wenn sich der Rhabarber mit der Hirschlende paart, dem zartesten Stück vom Hirsch. Beide harmonieren auf die gleiche Weise wie eine Apfelsauce mit Schweinefleisch oder eine herbsüße Pflaumensauce mit Ente. Honig und etwas Zucker mildern hier – aber wirklich nur mildern! – die ausgeprägte Säure des Rhabarbers ab. Eine zarte Aromabrücke zwischen dem sauren Rhabarber und dem würzigen Wildbret bildet der Sternanis, da er zu beiden gleichermaßen gut passt.

FÜR 4 PERSONEN

2–3 Stangen Rhabarber (ca. 300 g), geputzt und in 3–4 cm lange Stücke geschnitten

2 EL Honig

Saft von ½ Orange

2 TL brauner Zucker

1 Sternanis, grob zerbrochen

400–500 g Hirschlende, pariert und küchenfertig

2 EL Olivenöl extra vergine

1 Handvoll kleine Mangoldblätter oder andere zarte Salatblätter

Salz und frisch gemahlener schwarzer Pfeffer

Den Backofen auf 120 °C vorheizen.

Die Rhabarberstücke in eine Auflaufform legen und mit Honig beträufeln. Mit dem Orangensaft begießen und mit Zucker und Sternanis bestreuen.

Die Form mit Backpapier lose abdecken und in den Ofen stellen. Den Rhabarber darin 20 bis 25 Minuten garen, bis er weich, aber noch nicht zerfallen ist. Aus dem Ofen nehmen und beiseitestellen.

Die Hirschlende rundum salzen und pfeffern. In einer Pfanne 1 Esslöffel Öl stark erhitzen. Sobald das Öl richtig heiß ist, das Fleisch zugeben und unter regelmäßigem Wenden 4 bis 5 Minuten braten, bis es halb durchgebraten *(medium rare)* ist. Fleisch aus der Pfanne nehmen und 3 bis 4 Minuten ruhen lassen.

Den Rhabarber auf vier großen Tellern anrichten, den Sirup noch zurückbehalten. Die Lende in dicke Scheiben schneiden und jeweils auf den Rhabarber und rundherum legen. Das Ganze mit Mangold- oder anderen Salatblättern garnieren und mit dem Sirup beträufeln. Das restliche Öl darüber verteilen und sofort servieren.

Hafen

Hafen | Boote, geschützt hinter Stahl, massivem Stein und salzgebeizter Eiche. Kaltes Salz, Barkassen, offenes Deck, abgewrackter Schiffsrumpf. Dieselmotoren, Schlagen der Takelage, Rauch und Netze. Bojen. Ufer, grüne und rote Blinksignale. Glocken in der Dunkelheit, Markierungen, Schleppnetze, glimmende Zigaretten, Ausfahrt in der Dämmerung zu den Makrelen. Großer Fang, leere Schiffsräume. Schwielige Hände, Fischer, Beaufortskala, Seemannsgarn, Fischschuppen, Aalköpfe bei Ebbe, friedliche Flut.

Kabeljau

Seelachs

Glattbutt

Tintenfisch

Jakobsmuscheln

Gebackener Kabeljau mit Schwarzwurzel, Thymian und Butter

Die Zubereitung dieses Gerichts könnte kaum einfacher sein. Als Kontrast zum Fisch serviere ich normalerweise einen leicht bitteren Blattsalat mit ein wenig Zitronensaft. Diese Funktion übernimmt hier die Schwarzwurzel. Sie ist der perfekte Begleiter zu dem gebackenen Kabeljau. Durch langsames Garen bei niedriger Temperatur wird das unterschätzte Wintergemüse wunderbar seidig weich, Knoblauch und Thymian unterstreichen seinen feinen Geschmack.

FÜR 4 PERSONEN

800 g Schwarzwurzeln, geschält

150 g Butter, in ca. 1 cm große Würfel geschnitten

4 Knoblauchzehen, geschält und in dünne Scheiben geschnitten

fein abgeriebene Schale von ½ unbehandelten Zitrone

1 kleines Bund Thymianzweige

200 ml Hühnerbrühe (Seite 58), Gemüsebrühe oder Wasser

4 Kabeljaufilets (à ca. 150 g), mit Haut

Salz und frisch gemahlener schwarzer Pfeffer

Den Backofen auf 150 °C vorheizen.

Die Schwarzwurzeln nebeneinander in einen Bräter legen und darüber Butterflöckchen, Knoblauchscheiben, Zitronenschale und Thymianzweige verteilen. Brühe oder Wasser angießen und alles kräftig salzen und pfeffern.

Den Bräter mit Alufolie abdecken und die Folie am Bräterrand andrücken, damit der Dampf später nicht entweicht. Das Gemüse etwa 2 Stunden im Ofen schmoren (währenddessen den Bräter ein- oder zweimal rütteln), bis es weich ist. Aus dem Ofen nehmen und die Folie entfernen.

Die Backofentemperatur auf 200 °C erhöhen.

Den Kabeljau rundum salzen und pfeffern. Die Filetstücke in den Bräter zwischen die Schwarzwurzeln legen und dabei leicht mit der buttrigen Sauce im Bräter begießen. Den Bräter in den Ofen zurückstellen. Fisch und Schwarzwurzeln etwa 15 Minuten ziehen lassen, bis die Filets durchgegart sind.

Schwarzwurzeln und Filets auf vier Teller verteilen und mit der aromatisierten Butter beträufeln. Sofort servieren.

GELINGT AUCH MIT | Steinbutt, Weißfisch

Ziselierter, gebratener Kabeljau mit Chorizo, Rosmarin und Brokkoli

Einen ganzen Fisch brate ich immer dann, wenn ich unter Zeitdruck stehe. Ein Fisch, groß genug für vier bis sechs Personen, benötigt maximal 30 Minuten Vorbereitungs- und Garzeit. Hier bietet sich also eine praktische und stressfreie Möglichkeit, um eine ganze »Horde« zu verköstigen. Meistens stelle ich den Fisch einfach auf den Tisch und lasse alle Esser zugreifen. Jeder nimmt sich sein Lieblingsstück. Man kann den Fisch ganz schlicht zubereiten. In diesem Rezept gesellen sich noch ein paar »Kabeljaufreunde« dazu, denn ich serviere den Fisch mit einer scharfen Chorizo, Knoblauch und Rosmarin – und sobald der Kabeljau aus dem Ofen kommt, gebe ich ein paar knackige Brokkoliröschen zu all den Köstlichkeiten in den Bräter.

FÜR 4 BIS 6 PERSONEN

1 ganzer Kabeljau (1,5–2 kg), küchenfertig und entschuppt

4 EL Olivenöl extra vergine, plus etwas mehr Öl zum Einfetten

250 g luftgetrocknete Chorizo bester Qualität

Saft und fein abgeriebene Schale von 1 unbehandelten Zitrone

2 Knoblauchzehen, geschält und in dünne Scheiben geschnitten

2–3 Zweige Rosmarin

400–500 g Winterbrokkoli (*Brokkoli Purple Sprouting*; kann bis Dezember geerntet werden), geputzt

1 Stück Butter (ca. 50 g)

Salz und frisch gemahlener schwarzer Pfeffer

Den Backofen auf 200 °C vorheizen.

Den Fisch unter fließendem Wasser abspülen und innen und außen trocken tupfen. Die Fischhaut mit einem scharfen Messer ziselieren, das heißt, jede Seite drei- oder viermal parallel bis zur Mittelgräte einschneiden. Dadurch dringt die Hitze besser ins Fischfleisch ein, und die Garzeit verringert sich.

Einen großen, flachen Bräter mit Olivenöl einfetten. Den Kabeljau hineinlegen, mit Öl bestreichen und rundum salzen und pfeffern. Den Bräter in den Ofen stellen und den Fisch 10 Minuten garen.

Währenddessen für den Brokkoli Salzwasser in einem Topf aufkochen, aber das Gemüse noch nicht hineingeben. Die Haut von der Chorizo abziehen und die Wurst in 1 bis 2 Zentimeter dicke Scheiben schneiden.

Den Bräter herausnehmen und die Chorizo mit Zitronenschale, Knoblauch und Rosmarinzweigen über dem Fisch verteilen. Dabei versuchen, von jedem etwas in die Einschnitte in der Haut zu drücken und auch etwas unter den Fisch zu schieben. Den Bräter für weitere etwa 10 Minuten in den Ofen stellen.

Während der Fisch gart, den Brokkoli 2 bis 4 Minuten im Salzwasser kochen, bis die Stiele weich sind. Gut abtropfen lassen. Ist der Fisch gar, den Brokkoli mit Butter und Zitronensaft in den Bräter geben und vorsichtig im Chorizo-Knoblauch-Mix wenden. Den Bräter mit vorgewärmten Tellern, Bratkartoffeln und einem Salat auf den Tisch stellen.

GELINGT AUCH MIT | Seebarsch, Seebrasse

Gebratener Kabeljau mit Roter Bete, Ingwer, Orange und Honig

Kabeljau ist ein vielseitiger, wohlschmeckender Fisch mit festem weißem Fleisch. Er lässt sich auf unterschiedlichste Weise und mit verschiedensten Zutaten zubereiten. Sein angenehm mildes und leicht salziges Aroma kann auch neben anderen, starken bestehen. Mir gefällt an diesem Rezept, wie Rote Bete und Orange zusammenwirken – sie verbinden sich harmonisch und lassen dabei auch ihre Mitspieler Ingwer, Chili und Honig bestens zur Geltung kommen.

FÜR 2 PERSONEN

2 TL Sesamöl

2 Kabeljaufilets (à ca. 150 g), mit Haut

1 kleine Rote Bete, geputzt und in dünne Streichholzstifte geschnitten

2 Knoblauchzehen, geschält und in dünne Scheiben geschnitten

1 Stück frische Ingwerwurzel (ca. 3 cm), geschält und in sehr dünne Scheiben geschnitten

½–1 rote Chilischote, entkernt und in dünne Ringe geschnitten

2 EL Bio-Tamari- oder Sojasauce

Saft von 1 Orange

2 TL flüssiger Honig

1 EL Sesamsaat, plus etwas mehr Sesam zum Bestreuen (nach Belieben)

2 TL Cidre-Essig

Das Sesamöl in einer beschichteten Pfanne mittelstark erhitzen. Den Kabeljau leicht salzen und mit der Hautseite nach unten in die Pfanne legen. Die Filets 3 bis 4 Minuten braten. Rote-Bete-Stifte, Knoblauch- und Ingwerscheiben sowie die Chiliringe zugeben und alles 1 bis 2 Minuten mitbraten. Die Fischfilets wenden. Tamari- oder Sojasauce, Orangensaft, Honig, Sesamsaat und Essig hinzufügen. Zu diesem Zeitpunkt sollte der Kabeljau durchgegart sein. Ist das nicht der Fall, den Fisch noch etwas garen lassen und etwas Wasser hinzufügen, falls die Flüssigkeit zu stark reduziert ist.

Die gegarten Filets vorsichtig auf zwei vorgewärmte Teller geben. Die Sauce 30 bis 40 Sekunden weiterkochen lassen, damit sie leicht eindickt, dann den Pfanneninhalt auf die beiden Portionen verteilen und neben den Filets anrichten. Die Filets zusätzlich, falls gewünscht, mit Sesamsaat bestreuen. Sofort servieren.

Sie können den Kabeljau auch mit Reis oder, wie ich es manchmal mache, mit Linsensprossen servieren.

Seelachs und Ochsenschwanz

Du und ich – wir beide sind so verschieden. Du… dunkel, nahrhaft und deftig, aber unbeschreiblich zart. Ich… blass und frisch wie eiskaltes Meerwasser. Mein Wohlgeschmack aber ist sehr, sehr fein – und du musst mich tragen.

Wunderbar finde ich die einfache Verbindung von Zutaten, die völlig andersartig sind. Der Gedanke daran, wie gut sie auf dem Teller harmonieren, macht mich richtig glücklich.

FÜR 4 BIS 6 PERSONEN

1 kg Ochsenschwanz, küchenfertig und in Stücke gehackt (bitten Sie Ihren Metzger darum)

1 EL Olivenöl extra vergine oder Rindertalg

2 Zwiebeln, halbiert und in dünne Ringe geschnitten

2 Knoblauchzehen, geschält und in dünne Scheiben geschnitten

2 kleine Stangen Staudensellerie, geputzt und in dünne Scheiben geschnitten

fein abgeriebene Schale von ½ kleinen, unbehandelten Orange

3 Lorbeerblätter

4 Wacholderbeeren, leicht zerdrückt

2 Zweige Thymian

150 ml Rotwein

500 ml Rinderbrühe

4–6 Seelachsfilets (à 120–150 g), mit Haut

Salz und frisch gemahlener schwarzer Pfeffer

Die Ochsenschwanzstücke rundum salzen und pfeffern. Öl oder Rindertalg in einem großen Schmortopf erhitzen und darin die Fleischstücke unter regelmäßigem Wenden 8 bis 10 Minuten braten, bis sie kräftig Farbe angenommen haben. Aus dem Topf nehmen und beiseitestellen. Zwiebeln, Knoblauch, Staudensellerie, Orangenschale, Lorbeerblätter, Wacholderbeeren und Thymian in den Topf geben und unter Rühren 10 Minuten dünsten, bis die Zwiebeln weich sind.

Die Ochsenschwanzstücke dicht nebeneinander in einer Lage in den Topf zurücklegen. Wein und Brühe angießen, sodass die Fleischstücke 1 bis 2 Zentimeter hoch bedeckt sind. Aufkochen lassen. Die Hitzezufuhr stark reduzieren und bei geschlossenem Deckel 3 bis 4 Stunden sanft schmoren, bis das Fleisch vom Knochen fällt. Falls die Flüssigkeit zu stark verdampft, etwas Wasser oder Brühe hinzufügen, damit das Fleisch bedeckt ist.

Die Fleischstücke aus dem Topf nehmen und etwas abkühlen lassen. Überschüssiges Fett mit einem großen Löffel von der Sauce abheben und etwas davon zum Braten des Fisches zurückbehalten. Hitzezufuhr stark erhöhen und die Sauce auf die Hälfte einkochen. Sie sollte eindicken und ihr Aroma voll entwickeln. Eventuell noch mit Salz und Pfeffer würzen. Die Fleischstücke in die Sauce geben, entweder so, wie sie sind, oder das Fleisch von den Knochen gelöst.

Das zurückbehaltene Fett in einer beschichteten Pfanne erhitzen. Die Seelachsfilets salzen und pfeffern und mit der Hautseite nach unten in das heiße Fett legen. Je nach Filetdicke 3 bis 5 Minuten braten, wenden und 1 bis 2 Minuten weiterbraten. Die warmen Ochsenschwanzstücke mit viel Sauce auf die Teller verteilen. Je ein Fischfilet dazugeben. Sofort servieren.

Gratin mit trocken gepökeltem Seelachs, Kartoffeln, Crème double und Majoran

Dieses Abendessen schmeckt nach mehr als Fisch mit Kartoffeln. Oberflächlich betrachtet, würde das Gratin ohne den trocken gepökelten Fisch fast genauso aussehen. Das Besondere an diesem Gericht verbirgt sich unter der knusprigen, karamellisierten Kartoffeldecke. Hier entfaltet sich der Geschmack von in Salz eingelegtem Fisch in seiner ganzen Intensität. Zum Pökeln bedeckt man große Filets von fangfrischem Seelachs oder Kabeljau mit feinem Salz und stellt sie rund 48 Stunden in den Kühlschrank. Danach wird das Salz gründlich abgewaschen und der Fisch kühl und luftig mehrere Wochen oder Monate zum Trocknen aufgehängt. Ich mache das im Herbst oder Winter (da gibt es weniger Fliegen). Vor der Zubereitung weicht man die Filets unter mehrmaligem Wasserwechsel bis zu 18 Stunden in frischem, kaltem Wasser ein.

FÜR 6 BIS 8 PERSONEN

1 kg mehligkochende Kartoffeln (z. B. die rotschalige Sorte »Desirée«)

1 große Zwiebel, in dünne Ringe geschnitten

4–6 Knoblauchzehen, geschält und in dünne Scheiben geschnitten

2 EL gehackter Majoran, plus einige Majoranstängel mit Blüten als Dekoration (nach Belieben)

500 ml Crème double

300–400 g trocken gepökelte, gut eingeweichte Seelachs- oder Kabeljaufilets, ohne Haut, in kleine Stücke geschnitten

frisch gemahlener schwarzer Pfeffer

AUSSERDEM

eine Auflaufform (ø 20 cm)

Den Backofen auf 160 °C vorheizen.

Die Kartoffeln schälen und in 2 bis 3 Millimeter dicke Scheiben schneiden. Mit Zwiebelringen, Knoblauch, Majoran und viel schwarzem Pfeffer (Salz ist nicht notwendig, da der gepökelte Fisch salzig genug ist) in eine große Schüssel geben. Die Crème double in einem kleinen Topf bei mittelstarker Hitze aufkochen. Die Hälfte der heißen Creme über die Kartoffeln gießen und alles gründlich vermengen, den Rest der Creme beiseitestellen.

Den Boden der Auflaufform mit einer gleichmäßigen Schicht überlappender Kartoffelscheiben belegen. Einige Fischstücke darauf verteilen und mit einer zweiten Schicht Kartoffelscheiben abdecken. So weiterverfahren, bis der Fisch aufgebraucht ist und eine Kartoffelschicht den Abschluss bildet. Restliche Crème double aus dem Topf darüber verteilen und nach Belieben mit Majoranstängeln garnieren. (Sie sehen dekorativ aus und werden im Ofen strohtrocken.)

Die Auflaufform in den Ofen stellen und das Kartoffel-Fisch-Gratin darin 1 Stunde backen, bis die Kartoffeln weich sind und die oberste Schicht goldbraun ist. Während des Backens die Kartoffeln mit einem Spatel ein- oder zweimal fest andrücken. Die Form aus dem Ofen nehmen und 30 Minuten ruhen lassen, damit sich das Gratin festigen und durchziehen kann. Mit grünem Salat oder mit gedünstetem Brokkoli mit einem Zitronendressing servieren.

Im Ganzen gebratener Seelachs mit Gartenkräutern und Pancetta

Ein unkompliziertes »Ein-Topf-Gericht« zum Abendessen – schmeckt großartig und ist schnell zubereitet. Das A & O sind dabei die guten Zutaten. Pancetta – Bauchspeck mit einer kräftigen Marmorierung, am besten von Schweinen aus Freilandhaltung, erhält man in Hofläden oder Feinkostläden. Der Speck verleiht dem Fisch einen vollen Geschmack und Intensität. Und dann die frischen Kräuter! Sie machen sich fantastisch mit Fisch. Je mehr Kräuter (ungehackt!), desto besser. Sie werden knusprig zart und heben den rustikal gebratenen Fisch in höhere Sphären.

FÜR 2 PERSONEN

1 ganzer Seelachs (1–1,5 kg), küchenfertig und entschuppt

100 g fette Pancetta bester Qualität, in dicke Streifen geschnitten

1 kleines Bund gemischte Kräuter (z. B. Fenchelgrün, Petersilie, Schnittlauch, Estragon, Majoran, Lorbeerblätter, Rosmarin, Salbei, Thymian)

1 EL Olivenöl extra vergine

Salz und frisch gemahlener schwarzer Pfeffer

Den Backofen auf 200 °C vorheizen.

Den Fisch unter fließendem Wasser abspülen, sorgfältig trocken tupfen und in einen Bräter legen. Die Pancettastreifen und hartstielige Kräuter, wie Estragon, Majoran, Lorbeer, Rosmarin, Salbei oder Thymian, darauf verteilen. Alles mit Öl beträufeln, dann kräftig mit Salz und Pfeffer würzen. Den Bräter in den Ofen stellen und den Fisch 25 Minuten weich garen. (Um festzustellen, ob das Fleisch gar ist, mit einem kleinen Schälmesser in den dicksten Teil des Fisches stechen: Wenn sich das Fleisch von den Gräten löst, ist der Fisch fertig.)

Während der Fisch brät, Fenchelgrün, Petersilie und Schnittlauch vorbereiten, um sie über den Fisch zu streuen, wenn er aus dem Ofen kommt: Das Fenchelgrün fein hacken, die Petersilienblätter abzupfen und ebenfalls fein hacken, den Schnittlauch in Röllchen schneiden. Die Kräuter in einer Schüssel vermischen.

Den durchgegarten Fisch aus dem Ofen nehmen, im Bräter lassen und mit den zerkleinerten Kräutern bestreuen.

Den Bräter auf den Tisch stellen. Mithilfe eines Messers und Spatels größere Portionen Fisch von den Gräten lösen und auf die beiden Teller verteilen. Dazu die Kräuter aus dem Bräter, die knusprigen Pancettastreifen und den würzigen, gehaltvollen Bratensaft auf die Teller geben. Sofort mit Brot, Frühkartoffeln und einem grünen Salat servieren.

GELINGT AUCH MIT | Kabeljau, Seebarsch, Weißfisch

Im Ganzen gebratener Glattbutt mit Sellerie und Semmelstoppelpilzen

Ein herzhaftes, frühwinterliches Abendessen, das wärmt und richtig glücklich macht. Für mich ist dieses Gericht schnörkelloses Kochen in Reinform. Nehmen Sie den größten Bräter, den Sie haben, und geben Sie einfach alle Zutaten hinein… Die Semmelstoppelpilze lassen sich durch Steinpilze, Maronen oder durch Zuchtchampignons ersetzen.

FÜR 4 PERSONEN

2 EL Olivenöl extra vergine, plus etwas mehr Öl zum Einfetten

2 Stück Butter (à 50 g)

Salz und frisch gemahlener schwarzer Pfeffer

1 ganzer Glattbutt (1,5–2 kg), küchenfertig

2–3 Knoblauchzehen, geschält und in dünne Scheiben geschnitten

400–500 g Knollensellerie, geschält und in 3–4 cm große Würfel geschnitten

250–300 g frische Semmelstoppelpilze *(Hydnum repandum)*, geputzt

1 kleines Bund Petersilie, die Blätter abgezupft und gehackt

Den Backofen auf 220 °C vorheizen.

Einen großen, flachen Bräter leicht mit Öl einfetten. Den Boden des Bräters mit der Hälfte der Butter bestreichen.

Den Fisch unter fließendem Wasser abspülen, sorgfältig trocken tupfen, anschließend mit Salz und Pfeffer einreiben und in den Bräter legen. Die Knoblauchscheiben darüberstreuen und den Fisch mit dem restlichen Olivenöl beträufeln. Die Selleriewürfel um den Fisch herum verteilen und die Pilze in den Bräter geben. (Ich lasse die Pilze in der Regel ganz, sind sie allerdings sehr groß, dann halbiere ich sie.)

Die restliche Butter in Flöckchen auf dem Sellerie, den Pilzen und dem Fisch verteilen und alles mit Salz und Pfeffer würzen. Den Bräter 25 Minuten in den Ofen stellen, bis der Fisch gar ist. (Um festzustellen, ob das Fleisch gar ist, mit einem kleinen Schälmesser in den dicksten Teil des Fisches stechen: Wenn sich das Fleisch von den Gräten löst, ist der Fisch fertig.) Pilze und Selleriewürfel nach der Hälfte der Garzeit wenden.

Den Bräter aus dem Ofen nehmen und den Fisch 4 bis 5 Minuten ruhen lassen. Mit gehackter Petersilie bestreuen und den Bräter auf den Tisch stellen. Jeder kann sich selbst jeweils mit einer Portion Fisch und Gemüse direkt aus dem Bräter bedienen.

GELINGT AUCH MIT | Steinbutt

Glattbutt mit Sauerampfersauce

Den Geschmack von Sauerampfer mag ich besonders gern: Er ist scharf und säuerlich wie ein unreifer Apfel. Sauerampfer lässt sich im Garten kultivieren, aber meist findet man die kleinen, lanzettförmigen Blätter wild wachsend auf Grasflächen und Weiden. Die pikante Säure von wildem Sauerampfer passt wunderbar zu Salaten und ergibt eine Sauce, die mit Fisch, speziell mit Glattbutt, bestens harmoniert. Eine Variante dieses Rezepts steht auf der Speisekarte eines kleinen Fischlokals in Dorset, das ich seit meiner Kindheit besuche. Jedes Mal, wenn wir mit der Familie dort einkehrten, bestellte meine Mutter den Butt mit Sauerampfersauce.

FÜR 4 PERSONEN

4 Glattbuttfilets (120–150 g), mit Haut

1 EL Olivenöl extra vergine

4 Lorbeerblätter

2–4 Zweige Thymian

2 Knoblauchzehen, in der Schale angedrückt

1 kleines Stück Butter (ca. 25 g)

Salz und frisch gemahlener schwarzer Pfeffer

FÜR DIE SAUCE

1 großes Stück Butter (ca. 100 g)

1 Schalotte, halbiert und fein gewürfelt

100 ml Fischfond oder Wasser

1 großes Bund Sauerampfer (ca. 150 g), die Stiele entfernt (ich verwende kultivierten Sauerampfer)

150 ml Crème double

Salz und frisch gemahlener schwarzer Pfeffer

Für die Sauce die Butter in einem kleinen Topf bei mittlerer Hitze zerlassen. Die Schalottenwürfel in die aufschäumende Butter geben und unter regelmäßigem Rühren dünsten, bis sie weich und glasig sind. Den Fond oder Wasser angießen, aufkochen und etwa 2 Minuten sanft weiterköcheln lassen, bis die Flüssigkeit fast vollständig verdampft ist.

Den Sauerampfer in grobe Streifen schneiden, in den Topf geben und mit einem Kochlöffel ein- oder zweimal umrühren, bis er zusammengefallen ist. Die Crème double unterrühren und die Sauce aufkochen. Dann die Hitzezufuhr stark reduzieren und 1 bis 2 Minuten sanft köcheln lassen, bis sie leicht eingedickt ist. Salzen und pfeffern. Den Topf vom Herd nehmen, den Deckel auflegen und beiseitestellen.

Die Filets mit Salz und Pfeffer würzen. Das Öl in einer großen beschichteten Pfanne auf dem Herd erhitzen. Lorbeerblätter, Thymianzweige und Knoblauchzehen hineingeben. Die Filets darin mit der Hautseite nach unten 5 bis 6 Minuten braten, bis sie mindestens zu drei Vierteln durchgegart sind. Mithilfe eines Spatels wenden und 1 Minute weiterbraten. Die Butter zugeben und die Pfanne vom Herd nehmen. Die Filets etwa 1 Minute ruhen lassen, während die Butter schmilzt.

Jeweils ein Filet mit etwas Sauce daneben auf einem Teller anrichten. Dazu knusprige Bratkartoffeln servieren.

Glattbutt mit Sardellenfilets, Knoblauch, Crème double und Rosmarin

Schwer zu erklären, was das Großartige an dieser so perfekt abgerundeten Sauce ausmacht. Ohne Übertreibung: Beim Essen hat man tatächlich das Gefühl, die Zutaten seien einzig und allein für diese wunderbar sämige Sauce geschaffen worden. Und es stimmt einen fast schon traurig, dass der Genuss so kurz währt, weil alles so schnell aufgegessen ist! Die Sauce passt besonders gut zu Glattbutt, schmeckt aber mit fast jedem Fisch oder Fleisch köstlich.

FÜR 5 PERSONEN

- 5 Glattbuttfilets (120–150 g), mit Haut
- 1 EL Olivenöl extra vergine
- 8–12 Sardellenfilets in Öl
- 1–2 mittelscharfe Chilischoten, entkernt und in Ringe geschnitten
- 8 Knoblauchzehen, geschält und in dünne Scheiben geschnitten
- 4–6 Zweige Rosmarin, die Nadeln grob vom Stiel gezupft
- 2 Zweige Thymian (nach Belieben)
- 4 EL Crème double
- Salz und frisch gemahlener schwarzer Pfeffer

Die Fischfilets kräftig salzen und pfeffern. Das Öl in einer großen beschichteten Pfanne mittelstark erhitzen. Die Filets mit der Hautseite nach unten darin 4 bis 5 Minuten braten, bis sie mindestens zu drei Vierteln durchgegart sind. Pfanne vom Herd nehmen und die Filets mithilfe eines Spatels auf einen Teller legen.

Die Pfanne auf den Herd zurückstellen und die Sardellenfilets, Chili, Knoblauchscheiben, Rosmarinnadeln und die Thymianzweige (falls verwendet) hineingeben und mit Salz und Pfeffer würzen. Die Zutaten mit einem Spatel 2 bis 3 Minuten in der Pfanne rühren, bis die Sardellenfilets zu zerfallen beginnen und Knoblauch und Rosmarin appetitlich duften.

Die Fischfilets mit der Hautseite nach oben in die Pfanne zurücklegen und die Pfanne ein paarmal kräftig rütteln. Die Crème double mit 2 Esslöffel Wasser angießen und zum Kochen bringen. Die Sauce 4 bis 6 Minuten köcheln lassen, bis sie dick aufwallt. Abschmecken und bei Bedarf mit Salz und Pfeffer nachwürzen. Die Pfanne vom Herd nehmen.

Je ein Filet auf einen Teller legen, etwas Sauce darübergießen und sofort mit gutem Landbrot und einem grünen Salat oder mit einem Püree und gedämpftem Brokkoli servieren.

Roher Tintenfisch mit Zitrone, Apfel, Kerbel und Kapuzinerkresseblättern

Dieses Gericht habe ich zum ersten Mal bei einem ungewöhnlich harten Kochwettbewerb in einer Küche in Kopenhagen zubereitet. Bei den Juroren kam es gut an und brachte mir schließlich den Sieg. Vermutlich finden Sie den rohen Tintenfisch ein wenig ungewöhnlich. Tatsächlich erinnert er an Sushi. Aber ich kann Ihnen versichern: Sein Geschmack und seine Konsistenz sind umwerfend. Diese Zartheit bekommt man durch Kochen einfach nicht hin. Tipp: Nehmen Sie den frischesten Tintenfisch, den Sie bekommen können. Ich serviere zu diesem leichten Gericht einen süßem Apfel, Kapuzinerkresseblätter, etwas Zitronensaft und mein allerbestes Olivenöl. Insgesamt eine hervorragende Kombination.

FÜR 4 PERSONEN

2 Tafeläpfel (z. B. Russet, Jona, Cox)

1 große Handvoll Kapuzinerkresseblätter, plus etwas mehr Kresseblätter zum Servieren

fein abgeriebene Schale von ¼ unbehandelten Zitrone und Saft von 1 Zitrone, plus etwas mehr Saft zum Servieren

2 EL Olivenöl extra vergine, plus etwas mehr Öl zum Servieren

Apfelsaft oder Wasser zum Auflockern des Pürees (nach Belieben)

1 ganzer frischer Tintenfisch (150–200 g), küchenfertig, Tentakel abgetrennt und in 2–3 Stücke geschnitten

1 kleines Bund Kerbel

Salz und frisch gemahlener schwarzer Pfeffer

Einen der beiden Äpfel schälen, vierteln und das Kernhaus entfernen. Apfel mit Kapuzinerkresseblättern, Zitronenschale, der Hälfte des Zitronensafts, 1 Esslöffel Öl und etwas Salz und Pfeffer in eine Schüssel geben und mit einem Stabmixer glatt pürieren. Nach Belieben etwas Apfelsaft oder Wasser hinzufügen, damit das Püree die richtige Konsistenz bekommt.

Den Tintenfisch an einer Seite aufschneiden und auseinanderfalten. Die dünne Membran mit einem scharfen Messer von der Oberfläche des Fleischs entfernen. (Der Tintenfisch sollte schön glatt sein, bevor er zurechtgeschnitten wird.) Vom breiten Ende her den Körper in lange, möglichst dünne Streifen schneiden. Sie sollten wie fast durchsichtige Tagliatelle aussehen.

Die Tintenfischstreifen in eine Schüssel geben. Das restliche Olivenöl und den Zitronensaft darüberträufeln und leicht mit Salz und Pfeffer würzen. Alles gut vermengen.

Den zweiten Apfel von oben nach unten in sehr dünne Scheiben schneiden und die Apfelscheiben auf vier Schalen verteilen. Die Tintenfischstreifen gleichmäßig auf den Apfelscheiben anrichten, das Kapuzinerkresse-Apfel-Püree darübergeben und mit ganzen Kerbelstängeln und Kapuzinerkresseblättern garnieren. Zum Schluss mit Zitronensaft und Olivenöl beträufeln und mit etwas Salz und Pfeffer bestreuen. Sofort servieren.

GELINGT AUCH MIT | Seezunge, Steinbutt

Frittierter Tintenfisch mit Knoblauch und Petersilie

Das ist die klassische Art, Tintenfisch zuzubereiten, und möglicherweise die köstlichste Art, ihn zu essen. Kleine bis mittelgroße Tintenfische finde ich hierfür am besten geeignet, da die großen Exemplare oft ein wenig zäh sein können. Ich arbeitete mal unter einem Küchenchef, der die frischen Tintenfischkörper mit zusammengeknüllter Alufolie ausstopfte und anschließend butterweich dämpfte. Nach dem Abkühlen schnitt er sie in Ringe und frittierte sie wie üblich. Hinsichtlich der Konsistenz war das Ergebnis interessant, aber der ganze aromatische Charakter des Tintenfischs verdampfte dabei buchstäblich. Ich halte mich hier lieber an die Tradition.

FÜR 6 BIS 8 PERSONEN ALS TAPAS

50 g Maisstärke

50 g Mehl

500 ml Sonnenblumenöl zum Frittieren

500 g ganzer Tintenfisch, küchenfertig, den Körper in ca. 1 cm dicke Ringe geschnitten, die Tentakel ganz belassen (oder große Tentakel halbiert)

2 EL Olivenöl extra vergine

2 EL gehackte glatte Petersilie

½ Knoblauchzehe, geschält und gerieben

grobe Meersalzflocken zum Bestreuen

Salz und frisch gemahlener schwarzer Pfeffer

Zitronenspalten zum Servieren (nach Belieben)

AUSSERDEM

einen Wok

evtl. ein Küchenthermometer

Maisstärke und Mehl in einer Schüssel mischen und kräftig mit Salz und Pfeffer würzen.

Den Wok bis zur halben Höhe der Gefäßwandung mit dem Sonnenblumenöl füllen und dieses auf dem Herd auf 180 °C erhitzen. Sollte kein Küchenthermometer für die Überprüfung der Temperatur zur Verfügung stehen, das Öl so heiß werden lassen, bis ein Brotwürfel in 1 Minute darin knusprig braun wird.

Nacheinander je eine Handvoll Tintenfischringe und -tentakel in der Mehlmischung wälzen und vollständig damit überziehen. Dann die bemehlten Teile in ein Sieb geben und das überschüssige Mehl über der Schüssel mit Mehl abklopfen.

Je eine Handvoll der mit Mehl überzogenen Tintenfischteile in das heiße Öl geben und 3 bis 4 Minuten frittieren, bis sie goldbraun und knusprig sind. Mit einem Schaumlöffel herausnehmen und auf Küchenpapier abtropfen lassen. Das Öl in der Pfanne erneut erhitzen und die Arbeitsschritte mit dem Rest wiederholen.

Das Olivenöl mit der gehackten Petersilie und dem Knoblauch in einer kleinen Schüssel gut vermengen.

Den frittierten Tintenfisch auf einem Servierteller anrichten oder auf mehrere kleinere Teller verteilen. Mit Meersalzflocken bestreuen und das Petersilie-Knoblauch-Dressing darüberträufeln. Nach Belieben mit Zitronenspalten servieren.

Gerstengraupen-Paella mit Tintenfisch und Fasan

In dieser Variante der klassischen spanischen Paella verwende ich Fasan statt Huhn und Graupen anstelle von Reis. Da die Zutaten zusammen in der Pfanne gegart werden, lässt sich das Gericht auch draußen über offenem Feuer im Kreise der Familie oder mit Freunden zubereiten. Was ich zum Kochen brauche, packe ich in meinen Rucksack, inklusive der feinen Brühe in einer Plastikflasche. Verwenden Sie nur beste, geräucherte Chorizo, tiefrot wie schwerer Rotwein und Paprikapulver. Sie schmeckt hervorragend zu Tintenfisch und Fasan.

FÜR 6 PERSONEN

100 ml Olivenöl extra vergine, plus etwas mehr Öl zum Servieren

1 Fasan, küchenfertig und zerlegt

200 g Chorizo, in dicke Scheiben geschnitten

1 rote Paprikaschote, halbiert, entkernt und in Streifen geschnitten

2 Zwiebeln, in dünne Ringe geschnitten

4 Knoblauchzehen, geschält und in Scheiben geschnitten

400 g Gerstengraupen

500 ml Weißwein

2 l Fasanen- oder Hühnerbrühe (Seite 58)

2 Prisen Safranfäden

500 g ganzer Tintenfisch, küchenfertig, den Körper in ca. 1 cm dicke Ringe geschnitten, die Tentakel in 2–3 Stücke geschnitten

1 Bund Petersilie, die Blätter abgezupft und gehackt

Saft von 1 Zitrone, plus die Spalten 1 unbehandelten Zitrone zum Servieren

Salz und frisch gemahlener schwarzer Pfeffer

AUSSERDEM

eine große Paella-Pfanne

Die Hälfte des Olivenöls in der Paella-Pfanne auf dem Herd oder über der Glut eines Feuers erhitzen. Fasanenstücke und Chorizoscheiben zugeben, salzen und pfeffern und 4 bis 5 Minuten braten, bis das Fleisch etwas Farbe angenommen hat. Paprikastreifen, Zwiebelringe und Knoblauchscheiben hinzufügen und weitere 5 bis 6 Minuten braten.

Die Graupen zugeben und 1 bis 2 Minuten mitrösten. Dabei ein- oder zweimal umrühren. Den Wein und die Brühe angießen und den Safran unterrühren. Alles 25 bis 35 Minuten garen, bis die Graupen die Brühe fast ganz aufgesogen haben. Regelmäßig rühren, damit die Graupenkörner nicht zusammenkleben.

Nun die Tintenfischringe und -stücke mit der gehackten Petersilie hinzufügen. Alles verrühren und 4 bis 5 Minuten weiterkochen, bis die Graupen weich sind, aber immer noch etwas Biss haben. Sollten sie noch zu hart sein, etwas Wasser angießen und weitere 4 bis 5 Minuten kochen. Wenn die Graupen gar sind, den Herd abschalten oder die Pfanne vom Feuer nehmen. Mit Zitronensaft beträufeln und mit Salz und Pfeffer herzhaft würzen. Die Paella abgedeckt 5 bis 10 Minuten ruhen lassen.

Zur Paella Zitronenspalten, Olivenöl, knuspriges Brot und einen guten Wein servieren.

Rohe Jakobsmuscheln mit Dillspitzen, roten Zwiebeln, Zitrone und Olivenöl

Dieses raffinierte Muschelgericht ähnelt mehr einem Ceviche als einem Tatar. Während beim Tatar das Fleisch völlig roh bleibt, werden Fisch oder Meeresfrüchte bei einem Ceviche durch die Säure des Zitronensafts sozusagen »gegart«. Auch hier habe ich die zarten Jakobsmuscheln in Zitronensaft mariniert – nur etwa 10 Minuten. Das reicht, um für das gewisse Etwas zu sorgen. Die Zubereitung mit Zwiebel und Dillspitzen ist skandinavisch angehaucht.

FÜR 2 PERSONEN

2–3 große, ganz frische Jakobsmuscheln (ca. 150 g ausgelöstes Muschelfleisch)

Saft und fein abgeriebene Schale von ½ großen unbehandelten Zitrone

½ sehr kleine rote Zwiebel, ganz fein gewürfelt

3–4 Zweige Dill, gehackt, einige kleine Spitzen zum Servieren zurückbehalten

2 EL Olivenöl extra vergine

Salz und frisch gemahlener schwarzer Pfeffer

Achten Sie unbedingt darauf, dass die Muscheln absolut frisch sind. Ich kaufe die Muscheln lebend und öffne die Schalen selbst. Ihr Fischhändler übernimmt aber sicher das Öffnen für Sie, wenn Sie ihn darum bitten.

Wenn Sie die Muschelschalen selbst öffnen möchten, benötigen Sie ein schmales Messer, am besten ein Filetiermesser. Legen Sie die Muschel dazu mit der flachen Seite nach oben auf ein Brett, und gehen Sie mit der Spitze des Messers zwischen die beiden Muschelhälften. Schieben Sie dazu die Spitze in den Spalt möglichst nahe an der oberen Muschelkante, und weiten Sie die beiden Hälften ein wenig. Ziehen Sie nun das Messer dicht an der flachen Muschelseite entlang und durchtrennen Sie den Muskel an der Stelle, wo er auf die Schale trifft. Damit lässt sich die Jakobsmuschel problemlos öffnen. Dann mit der Messerspitze auf der Muschelunterseite entlangfahren, die Innereien lösen und auf ein Brett legen. Den orangefarbenen Rogen *(corail)*, den Fransenrand und den schwarzen Darmsack an der Muskelrückseite entfernen. Die Membran entlang des Muschelrands abziehen, sodass das weiße Muschelfleisch übrig bleibt. Den Rogen zum separaten Braten aufbewahren, den Fransenrand für Fischfond einfrieren, den Darmsack entsorgen. Die Arbeitsschritte bei den restlichen Muscheln wiederholen.

Das Muschelfleisch in erbsengroße Stücke schneiden und mit Zitronensaft, -schale, Zwiebelwürfeln, Dill und Olivenöl vermengen. Etwas salzen und pfeffern und vorsichtig vermischen. Die Muscheln 10 Minuten in dem Zitronensaft marinieren. Danach mit den Dillspitzen bestreuen und mit der Marinade aus der Schüssel sofort servieren.

Gegrillte Jakobsmuscheln mit grünem Pfeffer und Knoblauch

Dieses Gericht und sein Duft erinnern mich an meine allererste Küchengeschichte. Mit zwölf Jahren hatte ich einen Job in einem Pub. Dort musste ich Geschirr spülen. Manchmal durfte ich auch in der Küche von dem guten Essen probieren. Ein Gericht, nach dem ich völlig verrückt war, waren gegrillte Muscheln in Knoblauchbutter. Der Koch ließ die Muscheln in der Schale servieren – vom glühend heißen Grill direkt auf den Tisch gebracht. Der köstliche Duft von Butter und Knoblauch ließ meinen kleinen Bauch damals in hoffnungsvoller Erwartung Purzelbäume schlagen. Doch ärgerlicherweise durfte ich nie von den Muscheln in Knoblauchbutter probieren. Dieses Rezept hier ist sehr einfach. Ich habe lediglich etwas Crème double und grünen Pfeffer hinzugefügt. Den liebe ich besonders zu Meeresfrüchten.

FÜR 2 PERSONEN ALS VORSPEISE

- 6 frische Jakobsmuscheln, das weiße Fleisch aus den Schalen gelöst (Seite 278)
- 1 Stück Butter (ca. 50 g)
- 2 Knoblauchzehen, geschält und in dünne Scheiben geschnitten
- 2 TL grüne Pfefferkörner
- 2 Zweige Thymian
- 2–3 EL Crème double
- Salz und frisch gemahlener schwarzer Pfeffer

Den Backofengrill auf höchster Stufe vorheizen.

Das Muschelfleisch in eine feuerfeste Form geben. Die Butter in Flöckchen mit den Knoblauchscheiben, grünem Pfeffer und Thymianzweigen auf und um die Muscheln herum verteilen. Kräftig salzen, pfeffern.

Die Form auf ein Backblech stellen und auf der obersten Schiene in den Ofen schieben. Die Muscheln 2 bis 3 Minuten von der einen Seite grillen, dann herausnehmen, wenden und die Crème double angießen. Die Form kurz rütteln, um den Inhalt etwas zu vermischen. Muscheln weitere 2 Minuten unter den Grill stellen, bis sie gar sind und die Sauce vor sich hinschmort.

Die Jakobsmuscheln mit Brot servieren, um die Sauce damit aufzutunken.

In der Glut gegarte Jakobsmuscheln mit Algenbutter

Für dieses Rezept braucht man Jakobsmuscheln in der Schale oder zumindest in der halben Schale, denn die Muscheln werden darin gegart. Ich mache das direkt in der Feuerglut – das geht schnell, und die Jakobsmuscheln schmecken leicht nach Holzrauch und angebräunter Butter. Getrocknete Algen und ein Hauch Knoblauch ergänzen die Muscheln perfekt.

FÜR 2 PERSONEN

200 g Butter

2 EL getrocknete Algenflocken

1 kleine Knoblauchzehe, geschält und fein gerieben

1 kräftige Prise Meersalzflocken

6–8 große frische Jakobsmuscheln in der Schale

250 g gekühlte Butter

frisch gemahlener schwarzer Pfeffer

Die Butter mit den Algenflocken, dem Knoblauch und Salz in eine Schüssel geben und pfeffern. Alles gut vermischen. Die aromatisierte Butter auf Butterbrotpapier legen und zylinderförmig rollen. In das Papier einschlagen und im Kühlschrank aufbewahren.

Die Muscheln öffnen (Seite 278), aber den Rogen *(corail)* am Muschelfleisch belassen. Je eine Muschel in jede Halbschale setzen und mit einer großzügigen Scheibe Butter belegen.

Die glühende Holzkohle mit einem Stock oder Schüreisen gleichmäßig einebnen und die Muschelschalen daraufsetzen. Die Schalen werden schnell heiß, und die Butter beginnt bald zu schäumen. Nach 1 bis 2 Minuten das Muschelfleisch in der Schale wenden, ohne die Schalen zu verrücken, dann 1 Minute weiterbraten, bis die Muscheln gar sind. Anschließend die Schalen von der Glut nehmen. Falls die Butter schwarz zu werden beginnt oder zu heftig schäumt, bevor die Muscheln gar sind, die Schalen an eine etwas weniger heiße Stelle des Feuers rücken. Schalen auf Teller verteilen. Vorsicht: Sie sind sehr heiß!

Register

GILL MELLER ist Küchenchef, Foodjournalist, Foodstylist und Kochlehrer. Seit über zehn Jahren zählt er zum Team des *River Cottage* und arbeitet eng mit Hugh Fearnley-Whittingstall zusammen. Gill unterrichtet an der *River-Cottage*-Kochschule und auf internationaler Ebene. Als Foodjournalist schreibt er für *The Guardian*, *Waitrose Food Monthly* und *Country Living*. Gill lebt mit seiner Familie in Dorset. Dies ist sein erstes Buch.

Danksagung

Die Definition für den Begriff »sammeln« gleich zu Beginn des Buchs lautet sinngemäß so: etwas suchen und das Gefundene zu etwas Größerem vereinen. Genau an dieses »gefundene Größere« denke ich im Zusammenhang mit meiner Danksagung.

Es hat lediglich ein Jahr gedauert, dieses Buch zu vollenden, aber es bedurfte so viel mehr, damit es für mich Wirklichkeit werden konnte. Dafür möchte ich meiner Familie danken. Ich habe das große Glück, an einem wunderschönen Ort zu leben, aber noch mehr Glück, dort mit Alice, Isla und Coco zusammenleben zu können. Dafür danke ich euch.

Meinem Freund Andrew Montgomery verdanke ich so viel. Ich habe jeden einzelnen Tag genossen, an dem wir gemeinsam an diesem Buch gearbeitet haben. Andrew ist genauso Teil dieses Projekts wie ich. Andrew, deine Fotos sind unendlich schön. Sie haben dieses Buch geprägt. Danke!

Sarah Lavelle, ich kann dir nicht genug danken für das, was du für mich getan hast. Du hast daran geglaubt, dass wir etwas Großartiges zusammen schaffen könnten, als wir uns vor einigen Jahren kennengelernt haben. Du bist die ideale Verlegerin.

Vielen Dank an Hugh Fearnley-Whittingstall. Hugh, du hast mir geholfen zu verstehen, was Kochen wirklich bedeutet. Dafür werde ich dir stets dankbar sein.

Danken möchte ich Miranda Harvey. Ich habe dir das zwar schon gesagt, Miranda, aber ich kann mir keinen anderen Menschen vorstellen, mit dem ich dieses Buch lieber gemacht hätte. Du hast es zum Klingen gebraucht. Dank dir hat alles eine Stimme bekommen.

Jude Barrett hat großartige Arbeit bei der Redaktion dieses Buchs geleistet. Danke, Jude. Dein Vorgehen war so feinfühlig wie gründlich. Also, auf ein Neues!

Vielen Dank an meinen Agenten Anthony Topping, der Kompliziertes auf höchst einfühlsame und umsichtige Weise einfach erscheinen ließ.

Ein riesiges Dankeschön an Rob Love, Sally Gale, Steven Lamb, Gelf Alderson, Andy Tyrrell, Will Livingstone und alle anderen im *River Cottage*. Vielen Dank an Helen Lewis, Verity Holliday und alle bei Quadrille, die zur Realisierung dieses Projekts beigetragen haben. Ein Danke an Alex Heaton, Chloe Ride, Mark Diacono, Diana Henry, René Redzepi, Olia Hercules, Oliver Gladwin, John Wright, Deborah Robertson, Nikki Duffy, Simon Wheeler, Timm Vladimir, Nicole Lehner, Sytch Farm Studios, Crane Cookware, Blunt Roll und all die tollen Köche, mit denen ich gearbeitet und von denen ich all die Jahre gelernt habe – und ein Dank an alle Fischer, Landwirte, Erzeuger und Hersteller, die das liefern, was wir zu etwas Besonderem machen.

Schließlich danke ich meinen Geschwistern Rose und Patrick und meinen Eltern, den Menschen, mit denen wir uns am liebsten ver-»sammeln«.

www.gillmeller.com

gill@gillmeller.com

@gill.meller